Cornelia M. Knollmeyer
Evaldine M. Ketteler
Im Licht seiner Liebe

Cornelia M. Knollmeyer
Evaldine M. Ketteler

Im **Licht** seiner **Liebe**

Exerzitien mit Mutter Teresa

echter

Bibliografische Information der Deutschen Nationalbibliothek:
Die Deutsche Nationalbibliothek verzeichnet diese Publikation
in der Deutschen Nationalbibliografie; detaillierte bibliografische
Daten sind im Internet über ‹http://dnb.ddb.de› abrufbar.

© 2008 Echter Verlag GmbH, Würzburg
www.echter-verlag.de
Umschlag: Peter Hellmund (Foto: missio)
Satz: Hain-Team, Bad Zwischenahn (www.hain-team.de)
Druck und Bindung: Druckerei Friedrich Pustet, Regensburg
ISBN 978-3-429-03019-3

Inhalt

Einleitung

Mutter Teresa leuchtete in unserer Welt auf wie ein helles Licht. Strahlend, erfolgreich, unermüdlich tätig für die Ärmsten der Armen, mit zahlreichen Ehrungen und Preisen ausgezeichnet bis hin zum Friedensnobelpreis; eine große Frau, so feierten sie die Medien, die „mächtigste Frau der Welt" nannte sie einmal UN-Generalsekretär Perez de Cuellar.

In der Tat, Mutter Teresa war außerordentlich mächtig. Ihr Geheimnis war die Macht der Liebe. Sie lebte in Jesus, und Jesus lebte in ihr; er erfüllte sie mit seiner Liebe, mit seiner Kraft. „Ich bin nur Sein kleines Werkzeug ... Sein kleines Nichts"[1], sagte sie. „Das Werk ist wahrhaftig und allein Sein."[2]

Die Liebe Jesu brannte in Mutter Teresa so stark, dass sie sein Licht nicht nur in die „dunkelsten Löcher der Slums" trug, sondern in der ganzen Welt verbreiten wollte. „Wenn du nur wüsstest", schreibt sie, „wie ich mich danach sehne, das Feuer der Liebe und des Friedens auf der ganzen Welt zu entzünden. ... Er allein ist ... das Licht, das es lohnt zu entzünden."[3]

Diese Exerzitien laden ein, vier Wochen lang in Mutter Teresas Schule zu gehen, Stationen ihres Weges kennenzulernen und sich anstecken zu lassen von ihrem Feuer der Liebe. Sie hat nie verschwiegen, dass es etwas kostet zu lieben, – welchen Preis sie selbst dafür bezahlt hat, wurde mit der Veröffentlichung ihrer privaten Aufzeichnungen offenbar –, aber sie verschwieg auch nicht, dass die Liebe uns Gott ähnlich und zutiefst glücklich macht; sie ist auch das, was unsere Welt am meisten ersehnt.

Am 19. Oktober 2003, nur sechs Jahre nach ihrem Tod, wurde Mutter Teresa von Kalkutta in Rom selig gesprochen.

Anregungen zu den Exerzitien im Alltag

Diese Übungen eignen sich für Einzelne und für Gruppen. Im Folgenden einige Vorschläge für die täglichen Übungen.

Gebetsecke

Um ungestört meditieren zu können, ist es gut, einen festen Platz vorzusehen. Mutter Teresa empfiehlt: „Bevor du beginnst, suche einen stillen Platz, der dir hilft zu beten."[4]
Ich könnte mir eine Gebetsecke einrichten mit einer Kerze, einem Kreuz oder einer Ikone. Auch eine bestimmte Zeit, an der ich festhalte und die ich meiner Familie mitteile, hilft mir, meine tägliche Meditation einzuhalten.

Am Vorabend

Es ist hilfreich, die Meditationsimpulse bereits am Vorabend durchzugehen. Aus dem Textangebot für den folgenden Tag wähle ich aus, was mich innerlich anspricht, um es mit in die Nacht zu nehmen und es am folgenden Tag zu meditieren.

Einstimmung

Wenn ich mich aufrecht hinsetze und eine Weile die Augen schließe, komme ich leichter zur Ruhe. Mit dem Strom meines Atems lasse ich Verspannungen und störende Gedanken gleichsam abfließen. Ich kann auch eine ausführliche Einstimmung wählen (z. B. S. 101). Eine besonders wirkungsvolle Art der Einstimmung besteht darin, das Herz für Gott zu öffnen, indem ich z. B. mit dem Kreuzzeichen beginne, um die Gaben des Heiligen Geistes bitte oder ein Gebetswort wiederhole, etwa „Komm, Herr Jesus".

„Gott ist ein Freund der Stille", sagt Mutter Teresa. Er wartet immer auf uns, um auf uns zu hören und zu uns zu sprechen. „In der Stille unseres Herzens spricht Gott von seiner Liebe; durch unsere Stille erlauben wir Jesus, uns zu lieben."[5]

Verweilen

Wenn ich die Texte nicht am Vortag gelesen habe, beginne ich sie nach der Einstimmung langsam zu lesen, um darin die Botschaft Gottes für mich zu hören. Sobald ich mich innerlich angesprochen fühle, verweile ich und bleibe bei dem, was mich angesprochen hat, selbst wenn ich dadurch nur einen Bruchteil der vorgegebenen Texte lese. Denn „nicht das Vielwissen sättigt die Seele, sondern das Verkosten der Dinge von innen her" (Ignatius von Loyola).

Gott selbst begegnen

Ich nehme das Schriftwort mit besonderer Achtsamkeit auf und versuche, vom Wort, das mir nahe geht, zum Sprecher des Wortes – zu Gott – zu finden: „Erkenne in Gottes Wort Gottes Herz" (Gregor der Große). Wie mit einem Freund darf ich mit Gott sprechen und mich ihm anvertrauen. Am Ende bete ich langsam – Wort für Wort, Satz für Satz – das vorgeschlagene Gebet oder eines, das mir vertraut ist.

Wiederholen

Wenn die Meditation sehr intensiv war, ist es gut, sie am nächsten Tag (oder auch öfter) zu wiederholen. Die Übung des betreffenden Tages kann ich später nachholen.

Reflexion nach der Meditation

Am Schluss rufe ich mir ins Gedächtnis, was mich innerlich bewegt hat, und schreibe es in mein geistliches Tagebuch.

Impuls für den Tag

Es ist hilfreich, den Impuls für den Tag aufzuschreiben, ihn an einen gut sichtbaren Platz zu legen oder in der Tasche griffbereit zu haben.

Widerstände

Ich sollte mich darauf gefasst machen, dass sich im Laufe der Zeit Widerstände einstellen, vielleicht in Form von Ärger, Abwehr, Ermüdung, Kritik ... Gerade wenn etwas Gutes in uns wachsen will, werden Versuchungen nicht ausbleiben.

Weitere Vorschläge

Im letzten Teil des Buches finden sich als weitere Anregungen Vorschläge zur Reflexion nach der Meditation und zum Tagesrückblick.

27. 8. 1910   Agnes Bojaxhiu wird in Skopje geboren

29. 11. 1928   Klostereintritt bei den irischen Loretoschwestern

Januar 1929   Beginn des Noviziates in Indien

24. 5. 1937   Mutter Teresa legt ihre Ewige Profess ab

1929–1948   Unterrichtstätigkeit in Kalkutta

10. 9. 1946   Tag ihrer neuen Berufung zu den Armen

8. 8. 1948   Mutter Teresa erhält das Exklaustrationsindult, d. h. die Erlaubnis, das Kloster zu verlassen

21. 12. 1948   Mutter Teresa beginnt ihre Arbeit in den Slums

Wichtiger als alles andere

In seinem Buch „Der letzte Gottesbeweis" schreibt der Philosoph Robert Spaemann kurz und prägnant: „Wenn Gott ist, dann ist das das Wichtigste, wichtiger, als dass wir sind."[6]

Es ist ein weiter Weg, bis ein Mensch dahin kommt, bewusst aus dieser Wahrheit zu leben. Offenbar prägte diese Glaubensüberzeugung das katholische Elternhaus Bojaxhiu. Agnes, die spätere Mutter Teresa von Kalkutta, wuchs dort zusammen mit ihren Geschwistern Lazar und Aga auf. Geboren wurde sie am 27. 8. 1910 in ihrer albanischen Heimatstadt Skopje. Agnes ging ganz selbstverständlich davon aus, dass Gott wichtiger ist als alles andere.

Schon bei ihrer Erstkommunion kündigt sich ihre spätere Berufung an: „Ab dem Alter von fünfeinhalb Jahren – als ich Ihn (Jesus) zum erstenmal empfing – war die Liebe zu den Seelen in mir – sie wuchs mit den Jahren – bis ich nach Indien kam."[7] Ihr Heimatpfarrer, ein Jesuit, begeisterte seine Pfarrgemeinde und auch Agnes durch Zeitschriften und Vorträge seiner Mitbrüder für die Mission in Bengalen. „Als ich achtzehn wurde", so berichtet sie, „beschloss ich, meine Heimat zu verlassen und Ordensschwester zu werden, und seitdem … habe ich keine Sekunde daran gezweifelt, dass ich das Richtige tat: es war der Wille Gottes. Es war Seine Wahl."[8] Das Wort ihrer Mutter zum Abschied ging mit ihr durchs Leben: „Leg deine Hand in Seine Hand, und geh allein mit Ihm."[9]

• Ich könnte hier innehalten und mich fragen: Wie wichtig ist mir Gott?

1928 trat Agnes in Rathfarnham (Irland) bei den Loretoschwestern ein. Schon sechs Wochen später wurde sie in die Mission nach Indien entsandt. Während der langen Überfahrt schrieb sie ein Gedicht, das erahnen lässt, wie schwer ihr diese Lebensentscheidung fiel; darin heißt es:

„Ich verlasse meine alten Freunde
Und gebe Familie und Heimat auf
Mein Herz treibt mich vorwärts
Um meinem Christus zu dienen.
O Gott, nimm dieses Opfer an
Als ein Zeichen meiner Liebe."[10]

Agnes verlässt nicht nur Familie und Heimat; mit dem Ordenseintritt verlässt sie sich selbst, um das ganze Leben Gott zu weihen: das Herz in ungeteilter Liebe Gott zu schenken, arm zu werden mit dem armen Jesus und den Eigenwillen aufzugeben, um nur noch Gottes Willen zu tun.

Agnes' Bereitschaft, ihr Leben Gott hinzugeben, blieb nicht unbelohnt. „Wenn du wüsstest", schreibt sie zu dieser Zeit einem Freund, „wie glücklich ich bin als kleine Braut Jesu. Ich bin und könnte auf niemanden neidisch sein … einfach, weil ich selbst mein vollkommenes Glück genieße, auch wenn ich für meinen geliebten Bräutigam etwas erleide."[11] Gott ist ihr wichtiger als alles andere. Darin folgt sie Jesus, dem die Liebe zum Vater alles bedeutet. Die große Verheißung Jesu hat sich an Mutter Teresa buchstäblich erfüllt:

Jeder, der um meinetwillen und um des Evangeliums willen
Haus oder Brüder, Schwestern, Mutter, Vater,
Kinder oder Äcker verlassen hat,
wird das Hundertfache dafür empfangen:
Jetzt in dieser Zeit wird er Häuser,
Brüder, Schwestern, Mütter, Kinder und Äcker erhalten,
wenn auch unter Verfolgungen,
und in der kommenden Welt das ewige Leben.
(Mk 10,29f)

Gebet von Mutter Teresa

Jesus, du bist mein Gott.

Jesus, du bist mein Leben.

Jesus, du bist meine einzige Liebe.

Jesus, du bist mein Ein und Alles.[12]

Impuls für den Tag

Ich halte heute immer wieder einmal inne und frage mich:
Ist mir Gott jetzt wichtiger als alles andere?

Das Ziel vor Augen

„Wer vom Ziel nichts weiß, kann den Weg nicht haben, wird im selben Kreis all sein Leben traben." So schrieb Christian Morgenstern. Das Ziel ihres Lebens, für Gott allein zu leben, stand Agnes Bojaxhiu schon früh klar vor Augen. Als Mitglied der Marianischen Kongregation hatte sie bereits als Jugendliche und auch später immer wieder an ignatianischen Exerzitien teilgenommen. Das vertiefte ihre zielorientierte Grundausrichtung. Ignatius fasst am Beginn der geistlichen Übungen im „Prinzip und Fundament" das Ziel des menschlichen Lebens so zusammen: „Der Mensch ist geschaffen dazu hin, Gott, unseren Herrn, zu loben, ihn zu verehren und ihm zu dienen … Die anderen Dinge auf Erden sind zum Menschen hin geschaffen, um ihm bei der Verfolgung seines Ziels zu helfen."[13]

• Ich lasse mir Zeit, diesen Text in mich aufzunehmen.

Wer aus dem Glauben an ein solches Ziel sein Dasein gestaltet, konzentriert sein Leben, so dass auch die einzelnen Entscheidungen im Alltag zielgerichtete Schritte werden.

Schon die äußeren Daten ihrer Biografie nach dem Klostereintritt zeigen, wie zielgerichtet Agnes ihren Weg geht: Im Mai 1929 beginnt sie ihr zweijähriges Noviziat in Darjeeling. Als Schwester Maria Teresa vom Kinde Jesus unterrichtet sie bereits während des Noviziates an der Schule der Loretoschwestern. Zugleich lernt sie Hindi und

Bengali und hilft in einer Ambulanzstation. Nach ihrer ersten Profess 1931 nimmt sie neben ihren Schulstunden an einer Lehrerinnenausbildung teil. 1937 legt sie in Darjeeling die ewigen Gelübde ab. Wie in ihrem Orden üblich, heißt sie nun „Mutter Teresa" und unterrichtet in der St. Mary's High School, die sie später leitet.

Weil sie allein Jesus im Sinn hat, lebt sie gesammelt und wird von den vielfältigen Herausforderungen des Alltags nicht zerrissen. Sie schreibt: „Mein Herz schlägt vor Glück: ‚Ich kann Dein Werk fortsetzten, liebster Jesus. Ich kann vielen Kummer lindern.'"[14]

„Nur die geeinte Persönlichkeit kann Leben erfahren, nicht aber jenes in Teilaspekte aufgespaltene Ereignis, das sich auch Mensch nennt." Mit diesen Worten umschreibt C. G. Jung das Problem des modernen weltoffenen Menschen, dem es nur schwer gelingt, sein Leben zu einen. Die Informationsflut auch nur zu sichten, nimmt ihm so viel Zeit, dass für Fragen nach dem Ziel des eigenen Lebens und nach dem Sinn des Ganzen kein Raum bleibt. Wenn aber diese grundsätzliche Klärung unterbleibt – wie soll dann der Mensch das für sein Lebensziel Wichtige herausfinden?

• Wie kann ich Zeit gewinnen zur Klärung grundsätzlicher Fragen?

Als später Bruder Andrew, der Gründer der Missionsbrüder der Nächstenliebe, gefragt wurde, was ihn an Mutter Teresa am meisten beeindruckt habe, sagte er: „Es war ihre Zielstrebigkeit. Sie weiß sich einem einzigen Ziel und Zweck verpflichtet. Sie lebt in der Tat aus einer einzigen Idee, der sie mit einer verzehrenden und glühenden Leidenschaft hingegeben ist. Wenn ich mich mit ihr unterhalte, gibt es für sie gewöhnlich nur ein Thema: Jesus und ‚das Werk‘. Letzteres dient allein zu seiner Verherrlichung. Das ist ihre einzige Sorge.“[15] „Es ist unser Ziel“, so Mutter Teresa selbst, „dem unstillbaren Verlangen unseres Herrn Jesus Christus nach Liebe zu genügen.“[16]

Christus will ich erkennen und die Macht seiner Auferstehung und die Gemeinschaft mit seinen Leiden.
Das Ziel vor Augen jage ich nach dem Siegespreis:
der himmlischen Berufung,
die Gott uns in Christus Jesus schenkt.
(Phil 3,10.14)

Aus einem Lieblingsgebet von Mutter Teresa
Lieber Jesus, durchdringe mein ganzes Sein
und nimm es vollständig in Besitz,
so dass mein ganzes Leben
nur das deine ausstrahlt.

Impuls für den Tag
Heute versuche ich, mir das Ziel meines Lebens vor Augen zu halten.

Komm, sei mein Licht

An den Werktagen unterrichtete Mutter Teresa mit gro-
ßem Engagement Geographie und Geschichte – fünf-
zehn Jahre lang. An den Sonntagen hatte sie Zeit für die
Armen. In der Missionszeitschrift ihrer Heimat berichtet
sie 1937: „Jeden Sonntag besuche ich die Armen in den
Slums von Kalkutta. Ich kann ihnen nicht helfen, weil ich
ja gar nichts besitze, aber ich gehe zu ihnen, um ihnen
Freude zu schenken. Beim letzten Mal waren es ungefähr
zwanzig Kinder, die ihre ‚Ma' bereits ungeduldig erwar-
teten."[17]

• Ich überlege, wie ich meine Sonntage gestalte.

Am 10. September 1946 fuhr Mutter Teresa mit dem Zug
von Kalkutta nach Darjeeling am Fuß des Himalaya, um
an den Jahresexerzitien teilzunehmen. Während dieser
langen Fahrt hatte sie ein besonderes Erlebnis. Jesus rede-
te sie innerlich an und forderte sie auf, zu den Ärmsten
der Armen zu gehen. „Meine Kleine – komm – komm
– trag mich in die Löcher der Armen. – Komm, sei Mein
Licht – … Sie kennen Mich nicht – daher wollen sie Mich
nicht. Komm du – geh mitten unter sie, trage Mich mit
dir zu ihnen. – Wie ich Mich danach sehne, zu ihnen in
ihre Löcher zu kommen – in ihre dunklen unglücklichen
Häuser."[18] Auch in der folgenden Zeit hörte Mutter Teresa häufig diese Stimme: „In deiner Hingabe – in deiner
Liebe zu Mir werden sie Mich erkennen – … Bringe noch
mehr Opfer dar – Lächle noch freundlicher, bete noch in-

niger, und alle Schwierigkeiten werden verschwinden. Du hast Angst. Wie deine Angst Mich verletzt. Fürchte dich nicht. Ich bin es, der dich bittet, dies für Mich zu tun. Fürchte dich nicht – … Ich bin es, der in dir ist, bei dir ist und für dich da ist.“[19]

Mutter Teresa war überzeugt, „es war Sein Wille und dass ich Ihm folgen müsste.“[20] Sie spürte „eine Berufung in der Berufung … Es war eine Berufung, sogar Loreto aufzugeben, wo ich sehr glücklich war, und auf die Straßen hinauszugehen, um den Ärmsten der Armen zu dienen … alles aufzugeben und Ihm in die Slums zu folgen.“[21]

Ihr geistlicher Begleiter Pater Céleste van Exem SJ, dem sie sich mitteilte, zweifelte nicht an ihrer Aufrichtigkeit, schlug aber eine Prüfungszeit vor, um die Echtheit des Rufes herauszufinden. Vier Monate lang sollte Mutter Teresa nicht mehr an diese Stimme denken. Sie gehorchte, ohne zu wissen, wie die Sache ausgehen würde. Doch da sie die Stimme so deutlich vernahm, hatte sie keinen Zweifel, dass es Jesus war, der sie zu den Armen rief. Sie war bereit, seinem Ruf zu folgen, auch in die äußerste Armut hinein. Schon lange bewegte sie sein Wort:

Was ihr
für einen meiner geringsten Brüder getan habt,
das habt ihr mir getan.
(Mt 25,40)

- Welches Wort aus dem Evangelium spricht *mich* besonders an?

Aus einem Gebet von Mutter Teresa
Bedarfst du meiner Hände, Herr,
damit sie an diesem Tag
den Kranken und Armen helfen,
die sie brauchen?
Herr, dir gebe ich heute meine Hände.

Bedarfst du meiner Füße, Herr,
damit sie an diesem Tag mich zu jenen tragen,
die einen Freund brauchen?
Herr, ich gebe dir heute meine Füße. …

Bedarfst du meines Herzens, Herr,
damit ich an diesem Tag einen jeden,
ohne Ausnahme, liebe?
Herr, ich gebe dir heute mein Herz.[22]

Impuls für den Tag von Mutter Teresa
„Ein kleines Lächeln vielleicht; ein kurzer Besuch; … jemandem vorlesen: Das ist wenig, ja ganz wenig, aber es wird unsere Liebe zu Gott in die Tat umsetzen."[23]

Kostbar in meinen Augen

Um hochgesteckte Ziele zu verwirklichen, braucht der Mensch eine besondere Motivation. Bei Mutter Teresa erwächst sie aus ihrer persönlichen Beziehung zu Jesus. „Wir wissen aus der Schrift", schreibt sie, „dass Gott zum Propheten sagt: ‚Ich habe dich beim Namen gerufen, du bist mein, du bist kostbar in meinen Augen, ich liebe dich.' Diese Worte besagen, dass wir für Gott kostbar sind; er liebt uns und will, dass auch wir ihn lieben … Er liebt mich. Und wie liebt er mich? Er sagt es: ‚Selbst wenn eine Mutter ihr Kind vergessen würde: ich vergesse dich nicht.'"[24]

• Ich lese diese Worte als an mich gerichtet.

Mutter Teresa glaubt an Gottes Wort in der hl. Schrift; daher rührt ihre tiefe Überzeugung. Wenn wir fest an Gottes Güte glauben, fällt es uns leichter, uns ihm zu überlassen. Wer das wagt, für den kann der Glaube an Gottes Güte immer mehr zur Erfahrung werden – wie bei Mutter Teresa. 1947, während sie um ihren neuen Weg rang, wurde sie nach Asansol versetzt. „Dort war es so, als würde sich mir Unser Herr Selbst gänzlich hingeben – Die Süße & der Trost & die Einheit dieser sechs Monate – gingen viel zu schnell vorbei."[25]

Mutter Teresa weiß sich von Jesus grenzenlos geliebt und angenommen. Sie spricht mit ihm wie mit einem lebendigen, anwesenden Freund: „Ich sage Ihm, dass mein Herz … vollkommen Ihm gehört, Ihm allein. Er kann

mich einfach so benutzen, wie es Ihm am besten gefällt. … Ich bin Sein, Sein ganz allein. – … Ich brauche
nichts anderes mehr, wenn ich Ihn habe."[26]

• Ich lasse Mutter Teresas Worte auf mich wirken.

Ein Mensch, der sich von Gott geliebt weiß, wird glücklich; die Liebe schenkt ihm Bejahung und Würde. Das
weckt in ihm dankbare Gegenliebe. Und dadurch entsteht eine persönliche Beziehung zu Gott, die sich auch
bei schwierigen äußeren Verhältnissen als tragfähig erweist. Mutter Teresa kann so die schmerzliche Trennung
von den Loretoschwestern durchstehen. Am 8. August
1948 erhält sie die Erlaubnis der Religiosenkongregation,
ihr Kloster zu verlassen. Am 15. August schreibt sie ihrem
Bischof Ferdinand Périer SJ: „Alles ist sehr dunkel – viele
Tränen –, doch ich gehe aus freiem Willen mit dem Segen
des Gehorsams. – Bitte beten Sie für mich, dass ich den
Mut habe, mein Opfer zu vollenden … Ich habe nur sehr
wenig Mut – doch ich vertraue Ihm blind, trotz aller Gefühle."[27] Dieser Brief zeigt deutlich, wie schwer es sein
kann, Gottes Willen zu erfüllen, auch wenn die Beziehung zu ihm sehr intensiv ist.
Oft fragen wir bei leidvollen Ereignissen unseres Lebens:
Warum muss alles so schwer sein? Wie kann Gott das zu-
lassen, wenn er mich liebt? Schon das Alte Testament
ringt mit diesem Problem. Der von einem harten Schick-
sal getroffene Ijob fragt und hadert mit Gott, bis dieser
seinerseits *ihm* Fragen stellt, die ihn Gottes Größe und
Weisheit ahnen lassen. Ijob sieht ein: „So habe ich denn
im Unverstand geredet über Dinge, die zu wunderbar für
mich und unbegreiflich sind … Vom Hörensagen nur
hatte ich von dir vernommen, jetzt aber hat mein Auge

dich geschaut (Ijob 42,3 ff). Wir können Gottes Wege nicht verstehen, weil sie weit über unser Denken hinausgehen. Wer jedoch in einer persönlichen liebenden Beziehung zu ihm steht, wird in schweren Situationen leichter sein Vertrauen auf Gottes Weisheit und Güte durchhalten. Er glaubt der Zusage Gottes:

Ich bin mit dir, ich behüte dich, wohin du auch gehst …
Ich verlasse dich nicht,
bis ich vollbringe, was ich dir versprochen habe.
(Gen 28,15)

Gebet von Mutter Teresa
Mein Gott, dein bin ich.
Auf dein Wort, auf deine Berufung vertraue ich.
Du wirst mich nicht fallen lassen. Amen.[28]

Impuls für den Tag
Heute versuche ich, mit Gott so zu sprechen wie mit einem guten Vater, einer guten Mutter, einem guten Freund.

In der Versuchung

„Als ich am 16. August 1948 die Klostertür hinter mir zu-
zog und allein auf den Straßen von Kalkutta stand, emp-
fand ich ein starkes Gefühl der Verlorenheit, fast der
Angst."[29] Ihre Ordenstracht hatte Mutter Teresa mit einem weißen, blauumrandeten Sari vertauscht. „Die Kongregation der Loretoschwestern zu verlassen war das größte Opfer meines Lebens", sagte sie später.

Zunächst nimmt sie an einem Krankenpflegekurs in Patna teil, um sich auf ihre Arbeit unter den Armen vorzubereiten. Von dort schreibt sie ihrem Erzbischof: „Der erste
Schritt in Richtung Slums ist getan. Es kostet einen ho-
hen Preis, doch ich bin Gott dankbar für die Gnade, die
Er mir gegeben hat, dies zu tun, und auch dafür, dass Er
mir gezeigt hat, wie ungeheuer schwach ich bin … Bitte
beten Sie für mich, dass ich auch weiterhin freudig zu Ihm
aufblicken kann."[30]

In schwierigen Situationen wird uns oft das ganze Aus-
maß unserer Begrenztheit und Schwäche bewusst; wir
spüren, wie sehr unsere Gefühle uns einnehmen und uns
hindern wollen zu verwirklichen, was wir als gut erkannt
haben.

• Ich gehe meinen eigenen Erfahrungen nach.

Am 21. Dezember 1948 beginnt Mutter Teresa ihre Arbeit
als Missionarin der Nächstenliebe in den Slums von Kalkutta. Sie kommt vorübergehend bei den Schwestern der
Armen unter und mietet im Slum eine Hütte. „Alles hier

war schmutzig: die Hütten, die ungepflasterten Wege, die zugleich als Abwasser-‚kanäle' dienten, … die Leute, die Lumpen, die sie am Leib trugen, auf dem Boden ihrer Hütte krochen Insekten, Ratten und Ungeziefer; die Kinder hatten Läuse."[31] Dazu unerträgliche Hitze und 95 Prozent Luftfeuchtigkeit. Armut und Elend auf Schritt und Tritt.

Sie schreibt in ihr Tagebuch: „Heute habe ich eine gute Lektion gelernt – … Als ich umherging und nach einer Unterkunft suchte – lief ich & lief ich, bis mir meine Arme und Beine wehtaten. – Ich dachte daran, wie das den Armen wohl an Körper und Seele wehtut – wenn sie nach einer Unterkunft, nach Lebensmitteln, nach Hilfe suchen."[32] Mutter Teresas Gedanken gehen nach Loreto zurück: „Die Versuchung wurde so stark – die herrschaftlichen Gebäude von Loreto kamen mir stürmisch in den Sinn – all die schönen Dinge & der Komfort – … kurz gesagt: alles. – ‚Du musst nur ein Wort sagen und alles dies wird dir gehören' – flüstert der Versucher immer wieder."[33]

Mutter Teresa flüchtet ins Gebet und bleibt ihrer Entscheidung treu: „Aus freiem Willen, Mein Gott, und aus Liebe zu Dir – möchte ich bleiben und das tun, was auch immer Dein Heiliger Wille für mich diesbezüglich ist. Ich ließ auch nicht eine Träne zu. – … Ich will stets Deinen Heiligen Willen tun. … Mein Gott, gib mir jetzt Mut – in diesem Augenblick – um beharrlich Deinem Ruf zu folgen."[34]

- Ich überlege, wo mir das Leichtere, Bequemere, Praktischere zur Versuchung wird.

Karl Rahner rät: „Der Mensch rede in der Versuchung nicht mit der Versuchung, sondern mit Gott; mit Gott nicht über die Versuchung, sondern mit Gott über Gott, über seine Gnade, seine Liebe …! Wenn die Schlange dich anredet, finde sie keinen, der sie anhört und mit ihr spricht. … Nur der Betende besteht die Versuchung."[35]

Wenn du dem Herrn dienen willst,
dann mach dich auf Prüfung gefasst.
Vertrau auf Gott, er wird dir helfen,
hoffe auf ihn, er wird deine Wege ebnen.
(Sir 2,1.6)

Gebet von Mutter Teresa
O Jesus, einzige Liebe meines Herzens,
ich möchte all das für Deine reine Liebe erleiden,
was ich leide und was Du willst, das ich leiden soll, …
einzig, um Dir zu gefallen,
um Dich zu preisen, um Dich zu rühmen,
wie in der Freude, so auch im Leid.[36]

Impuls für den Tag
Heute „mit Gott über Gott" sprechen, wenn ich versucht bin, vom guten Weg abzuweichen.

Ein heiliger Bezirk

Als Mutter Teresa ihre Arbeit in den Slums von Kalkutta begann, befand sich Indien in einer schweren Krise. Es hatte 1947 die Unabhängigkeit erlangt. Das Land teilte sich in das muslimische Pakistan und die indische Hindu-Republik. Der Nationalismus blühte auf. Kalkutta wurde in dieser Zeit überflutet von einem Heer obdachloser Armer. Eine Hütte in den Slums war schon eine kleine Kostbarkeit.

Als sie am ersten Tag in das Slumgebiet von Moti Jheel kommt, schaut sie sich um und versucht zu helfen: einem „alten Mann, … krank und im Sterben – ich gab ihm Carbarsone und Wasser zu trinken … Dort lag eine ganz arme Frau im Sterben, ich denke eher, dass sie an Hunger und nicht an Tbc starb. Welche Armut. Welch wirkliches Leiden. Ich gab ihr etwas, das ihr half, in den Schlaf zu finden – doch die Frau sehnt sich, dass man sich um sie ein wenig kümmert."[37] Mutter Teresa schenkt den Menschen, was sie zu dieser Zeit geben kann: aufmerksame Zuwendung. Zugleich aber sieht sie, dass hier noch anderes nötig ist. „Ich fühlte auch dort meine eigene Armut – denn ich hatte nichts, was ich dieser armen Frau hätte geben können. – Ich tat alles, was ich nur konnte, hätte ich ihr einen Becher heiße Milch geben können oder etwas Ähnliches, dann wäre ein wenig Leben in ihren kalten Körper zurückgekehrt."[38]

Mutter Teresa erfährt sehr konkret die engen Grenzen ihrer Möglichkeiten. Was sie tut, empfindet sie wie „einen Tropfen auf den heißen Stein". Und doch, so sagt sie sich, dieser „Tropfen" ist wichtig: „Wenn nur ein einziges kleines unglückliches Kind durch die Liebe Jesu glücklich würde, ... wäre es nicht wert, ... alles dafür zu geben?"[39] Sie lässt sich nicht entmutigen und betont immer wieder: „Ich denke nie an die große Menschenmenge, sondern an den einzelnen. Wenn man an die Masse denkt, würde man gar nicht erst anfangen können. Für mich ist der einzelne wichtig."[40] Denn in jedem Armen dient sie Jesus selbst.

Mit den Augen des Glaubens durchdringt Mutter Teresa die Oberfläche des Sichtbaren: „Seht durch das hindurch, was sich unmittelbar euren Augen darbietet."[41] Ihr ist bewusst, dass in der Mitte jeder Person ein „heiliger Bezirk" besteht, in dem Gott selbst wohnt. Sie schaut nicht an der Person vorbei auf Jesus, sie sieht ihn *in* der Person: „Christus selbst pflegt ihr, wenn ihr die Armen pflegt ... Seinen geschundenen Körper badet ihr, seine Wunden wascht ihr aus, seine Glieder verbindet ihr."[42] „Mit wem sie auch gerade spricht", so ein Helfer, „er wird zum wichtigsten Menschen vor ihr. Es spielt keine Rolle, ob du Präsident oder ein kleiner Mann von der Straße bist."[43]

• Ich überlege, was ich im Umgang mit den Menschen von Mutter Teresa lernen kann.

Jesus sprach:
Wer euch aufnimmt,
der nimmt mich auf,
und wer mich aufnimmt,
nimmt den auf, der mich gesandt hat.
(Mt 10,40)

Aus einem Gebet von Mutter Teresa

Herr, öffne unsere Augen,
damit wir dich
in unseren Brüdern und Schwestern erkennen.

Herr, öffne unsere Ohren,
damit wir das Rufen
der Hungrigen, der Frierenden,
der Verängstigten und Unterdrückten hören.

Herr, öffne unsere Herzen,
damit wir einander in der Weise lieben,
wie du uns liebst.[44]

Impuls für den Tag

Heute versuchen, in einem Menschen Jesus zu sehen.

Rückblick

Mutter Teresa erzählt von einem schönen indischen Brauch: „das rote Pünktchen auf der Stirn. Für einen Hindu besagt es, dass sein ganzes Denken, seine ganze Aufmerksamkeit, ja alles, was ihm gehört, auf Gott hin gesammelt sein soll. ... Auch wir alle sollen Jesus gehören und Ihm ungeteilte Liebe schenken."[45]

Ich schaue zurück auf die vergangene Woche

Ich gehe in Ruhe meine Notizen durch. Die folgenden Impulse können mir dabei helfen:

- Was hat mich besonders angesprochen oder bewegt?
- Was hat mir geholfen/könnte mir helfen, diese Tage gesammelt auf Gott hin zu leben?
- Welche Einsicht will ich festhalten und umsetzen?

Ich schreibe auf, was mir wichtig ist

Psalm 63,1–4.7–9
Gott, du mein Gott, dich suche ich,
meine Seele dürstet nach dir.
Nach dir schmachtet mein Leib
wie dürres, lechzendes Land ohne Wasser.
Darum halte ich Ausschau nach dir im Heiligtum,
um deine Macht und Herrlichkeit zu sehen.
Denn deine Huld ist besser als das Leben;
darum preisen dich meine Lippen.

Ich denke an dich auf nächtlichem Lager
und sinne über dich nach, wenn ich wache.
Ja, du wurdest meine Hilfe;
jubeln kann ich im Schatten deiner Flügel.
Meine Seele hängt an dir,
deine rechte Hand hält mich fest.

ZWEITE WOCHE

Februar 1949	Mutter Teresa zieht bei Familie Gomes ein
19.3.1949	Subhasini Das, die erste Postulantin, schließt sich Mutter Teresa an, kurz darauf folgen zwei weitere
7.10.1950	Die Missionarinnen der Nächstenliebe werden als Diözesankongregation anerkannt
1950	Bildung eines festen Helferkreises
1952	Eine Vereinigung von kranken und leidenden Mitarbeitern schließt sich zusammen

Fang einfach an

Bei der Arbeit in den Slums erlebt Mutter Teresa hautnah das Elend der Kinder dort. „Überall … Kinder und nochmals Kinder." Schon am ersten Tag sammelt sie einige von ihnen, um sie zu unterrichten: „In der ersten kleinen Schule, mit der ich am ersten Tag begann, waren fünf Kinder … Ich begann, ihnen ihr Alphabet beizubringen, denn obwohl es größere Kinder waren, hatten sie nie eine Schule besucht, und keine Schule wollte sie."[46] Sie lehrt „ohne Tisch, ohne Stuhl, ohne Tafel oder Kreide. Mit einem Stecken kratzt sie die Buchstaben in den Lehmboden."[47]

Offenbar sprach es sich an ihrer ehemaligen Schule schnell herum, dass Mutter Teresa in den Slums arbeitete. „Am nächsten Tag kamen zwei oder drei Mädchen von der Schule, an der ich unterrichtet hatte, sie halfen mir mit den Kindern."[48] „Zu den fünf Kindern, die ich am ersten Tag meiner Arbeit im Slum von Moti Jheel gesammelt hatte, kamen bald weitere hinzu. Schon nach drei Tagen waren es 25. Am Ende des Jahres bereits 41. Einige Jahre später ist am selben Ort eine Schule für mehr als 500 Kinder entstanden."[49] Es ist erstaunlich zu sehen, wie Gott ihre kleinen Anfänge weiterführt.

Mutter Teresa packt da an, wo sie sich zur Hilfe herausgefordert fühlt. Ihre „Aktivität ist umwerfend", sagt ein Mitarbeiter. „Während andere noch diskutieren, ist sie schon mitten drin in der Arbeit … Ein Bedürfnis sehen und darauf reagieren, das ist bei ihr eins."[50] Auf ihrem Gang zu den Armen kommt Mutter Teresa z. B. an den

Trümmern einer Hütte vorbei, die kurzerhand abgerissen wurde, weil die Bewohnerin die acht Rupien Miete nicht zahlen konnte. Der Monsun-Regen hat eingesetzt. Nun steht die Frau ganz bestürzt da, bis zu den Knien im Wasser, auf ihren Armen ein fieberkrankes Kind. Mutter Teresa sieht die Not und weiß, dass sie helfen muss. Aber wie? „Ich muss … irgendwie an *die* Leute näher herankommen, von denen ich leicht etwas für die Armen bekommen kann."[51] Es gelingt ihr, für die Frau eine Unterkunft zu organisieren und für das Kind die notwendigen Medikamente.

Mutter Teresas eigene Armut lockt die Mithilfe der Menschen geradezu hervor. Sie bittet z.B. die Leute in der Pfarrgemeinde, nichts Essbares wegzuwerfen, damit sie mit ihren Helferinnen das übrig gebliebene Essen einsammeln kann für die Armen.

Mutter Teresa selbst erklärt später ihr Vorgehen so: „Bei der Auswahl der von uns zu vollbringenden Werke ließen wir uns weder von irgendwelchen Planungen noch von vorgefassten Ideen leiten. Wir setzten da an, wo es nötig war und wo sich Gelegenheit bot."[52]

• Ich überlege, wie ich reagiere, wenn ich Not sehe.

Wenn du der Unterdrückung bei dir ein Ende machst, …
dem Hungrigen dein Brot reichst und
den Darbenden satt machst,
dann geht im Dunkel dein Licht auf,
und deine Finsternis wird hell wie der Mittag.
(Jes 58,9f)

Aus einem Gebet von Mutter Teresa

Die Missionarinnen der Nächstenliebe beten es vor dem Aufbruch zum Apostolat.

Lieber Gott, du großer Heiler,
ich knie vor dir,
denn jede vollkommene Gabe muss von dir kommen.
Ich bitte dich,
schenke meinen Händen Geschicklichkeit,
meinem Verstand Scharfblick
und meinem Herzen Mitgefühl und Sanftmut.
Verleihe mir Zielstrebigkeit,
die Kraft, einen Teil der Last
meiner leidenden Mitmenschen
auf mich zu nehmen.[53]

Impuls für den Tag von Mutter Teresa

Auf die Frage „Was kann ich tun?" gibt Mutter Teresa immer dieselbe Antwort: „Fang einfach an … Fang zu Hause an, indem du deinem Mann oder deiner Frau etwas Gutes sagst. Fang an, indem du in deiner Gemeinde, an deinem Arbeitsplatz oder in der Schule jemandem hilfst, der in Not ist. Fang an, indem du aus allem, was du tust, etwas Schönes für Gott machst."[54]

Wenn ich schwach bin

Im Februar 1949 bezog Mutter Teresa zwei Zimmer der oberen Etage im Haus von Michael Gomes, einem wohlhabenden katholischen Inder. Gomes selbst erzählt, wie es dazu kam: „Meine drei Brüder und ich lebten zusammen in dem Haus. Zwei von ihnen entschieden sich damals, zur Zeit der Teilung Indiens, für Ostpakistan … Wir anderen zwei blieben in Kalkutta. Da kam eines Tages Pater van Exem und fragte, ob wir Mutter Teresa helfen könnten, irgendwo in der Nähe eine einfache Unterkunft zu finden."[55] Während die beiden miteinander überlegten, sagte plötzlich die achtjährige Tochter von Herrn Gomes: „Vater, die Räume im Obergeschoss sind doch leer. … Mutter Teresa könnte doch zu uns kommen."[56] Pater van Exem wehrte sich: „‚Nein, das kommt nicht in Frage. Sie will keine so gute Wohnung. Sie sucht etwas viel Armseligeres.' Aber wir bestanden darauf, dass sie kommen solle."[57] Und Mutter Teresa kam. Endlich hatte sie eine dauerhafte Bleibe. Nach außen hin glückliche Fügungen zu ihren Gunsten. Was sie jedoch innerlich erlebte, ahnten die Menschen nicht. Gott mutete ihrer Seele Schweres zu.

Erst zu ihrem zehnten Todestag kamen die privaten Aufzeichnungen über ihre innere Not an die Öffentlichkeit. An dem Tag, als der Gemeindepfarrer Pater Julien Henry SJ das Haus Gomes segnet, schreibt sie z. B. in ihr Tagebuch: „Heute – mein Gott – welche Qualen der Einsamkeit. – Ich frage mich, wie lange mein Herz dies noch leiden kann. – … Tränen liefen & liefen. – Jeder sieht meine Schwachheit. Mein Gott, gib mir jetzt Mut, um

gegen mich selbst und gegen den Versucher anzukämp-
fen. Lass mich nicht vor dem Opfer zurückweichen, das
ich freiwillig und aus Überzeugung gewählt habe. – Un-
beflecktes Herz meiner Mutter, hab Mitleid mit deinem
armen Kind."[58]

„Der Mensch ist nicht stark aus eigener Kraft", so heißt es
schon in den Psalmen. Die mutige, selbstbeherrschte Mutter Teresa lernt, dass sie aus sich selbst nichts vermag. Umso
inständiger wendet sie sich immer wieder an Gott.

• Ich denke darüber nach, wie ich mit meinen Schwächen umgehe.

Als Pater Henry Jahre später gefragt wurde, was ihn an
Mutter Teresa am meisten beeindruckt habe und worauf
er ihren großen Erfolg zurückführe, gab er diese uner-
wartete Antwort: „Am meisten lässt mich erstaunen, wie
viel Gutes der Allmächtige durch dieses schwache Instru-
ment gewirkt hat. Gott hat diese Frau … benutzt für das
Werk, das er vollbringen wollte, weil sie ihm total ergeben ist. … Alles, was sie tut, tut sie für ihn. Und sie tut es
mit einem solchen Vertrauen in seine Allmacht, dass ihr
nichts unmöglich scheint."[59]

Mutter Teresa selbst teilt dem Erzbischof mit: „Der Gedanke daran, dass ich all Seiner Gaben an mich … unwür-
dig bin, tritt immer stärker … in mein Bewusstsein. In
meinen … Gebeten, die heutzutage so voll von Ablen-
kungen sind – wird eines überdeutlich – meine Schwachheit & Seine Größe. Von meiner Schwachheit fürchte ich
alles – doch seiner Größe vertraue ich blind."[60]

Nur ungern und meist spät erst lässt der geistlich lebende
Mensch die Wahrheit an sich heran, die Jesus dem Paulus
sagt:

Meine Gnade genügt dir;
denn sie erweist ihre Kraft in der Schwachheit.
Denn wenn ich schwach bin, dann bin ich stark.
(2 Kor 12,9f)

- Ich überlege, wo Gott meine Schwächen vielleicht mehr als meine Stärken benutzt hat oder benutzen will.

Gebet von Mutter Teresa

Hilf uns,
dass wir die Mühen und Schwierigkeiten,
die uns jeder Tag neu bringt,
als willkommene Gelegenheiten annehmen,
als Menschen zu wachsen und dir ähnlich zu werden.
Mach uns fähig, sie geduldig und mutig zu bestehen,
und stärke in uns das Vertrauen auf deinen Beistand.[61]

Impuls für den Tag

Heute versuche ich, meine Schwächen wahrzunehmen und sie Gott hinzuhalten.

Heiße Speisen

Mutter Teresa leidet darunter, dass sie nur wenigen Menschen helfen kann, solange sie keine Mitschwestern hat. Sie setzt ihre Hoffnung auf die Fürsprache der Gottesmutter und betet: „Ich erzähle ihr immer wieder: ‚Ich habe keine Kinder‘ – so, wie sie selbst viele Jahre zuvor zu Jesus sagte: ‚Sie haben keinen Wein.‘ Ich lege all mein Vertrauen in ihr Herz hinein. Gewiss wird sie mir auf ihre Weise helfen."[62] Und ihr vertrauensvolles Gebet wird erhört.

Am 19. März 1949, dem Fest des hl. Josef, ungefähr einen Monat nach dem Einzug bei Gomes, klopft jemand an Mutter Teresas Zimmertür. Eine ihrer ehemaligen Schülerinnen steht dort und sagt: „Mutter, ich bin gekommen, um mich Ihnen anzuschließen." Was Mutter Teresa in diesem Augenblick empfindet, bleibt ihr Geheimnis. Sie weist auf die Härte ihres Lebens hin. Aber die erste Postulantin, die später Mutter Teresas Taufnamen annimmt, Schwester Agnes, lässt sich nicht abweisen. Sie ist fest entschlossen, Mutter Teresas Werk mitzutragen. Einige Wochen später meldet sich eine weitere Bewerberin, dann eine dritte.

Auch Freunde und Bekannte bittet Mutter Teresa, ihr beten zu helfen. Im Mai 1949 schreibt sie in einem Brief: „Es wird dich freuen zu hören, dass ich jetzt drei Mitarbeiterinnen habe. … Ich vertraue auf dein Gebet. Bitte Unsere Liebe Frau, dass sie uns noch mehr Schwestern schicke."[63] Und in einem anderen Brief: „Höre nicht auf, darum zu beten, dass unsere kleine Gemeinschaft zunehmen möge an Heiligkeit und an Zahl, wenn es so Gottes Wille ist."[64]

„Unsere Gebete", so Mutter Teresa zu ihren Schwestern, „müssen heiße Speisen sein, die vom Herd eines von Liebe erfüllten Herzens kommen."[65] Ihr Gebet zeugt von ihrer Liebe zu Jesus und den Armen. Sie scheut sich nicht, für sie zu betteln und öffentlich zu beten.

Einmal ging sie, so berichtet Edward Le Joly SJ, mit Michael Gomes in eine große Apotheke. Mutter Teresa hielt dem Geschäftsführer eine lange Liste mit Medikamenten hin und bat ihn, ihr diese Medikamente kostenlos zu geben. „Gute Frau, da sind Sie aber am falschen Platz. Lassen Sie mich in Ruhe. Ich habe zu arbeiten", sagte der Mann. Die beiden Bittsteller hockten sich hin. Mutter Teresa zog ihren Rosenkranz heraus und fing an zu beten. Als sie fertig war, kam der Geschäftsführer wieder. „Also gut. Hier sind drei Pakete mit den Medikamenten, die Sie brauchen. Betrachten Sie dies als eine Spende unserer Firma."[66]

Was zeichnet Mutter Teresas Gebet aus, dass sie unter so schwierigen Umständen erlangt, was sie erbittet? Sie betet nicht um die Erfüllung eigener Wünsche; sie lebt so sehr auf Jesus bezogen, dass seine Wünsche zu ihren eigenen geworden sind. Sie bittet in seinem Geist, in seinem Namen.

• Wie sieht mein Bittgebet aus?

Das Gebet im Namen Jesu findet immer Erhörung. Jesus sagt:

Alles, um was ihr in meinem Namen bittet,
werde ich tun,
damit der Vater im Sohn verherrlicht wird.
Wenn ihr mich um etwas in meinem Namen bittet,
werde ich es tun.
(Joh 14,13f)

• Ich versuche zu beten im Namen Jesu.

Gebet von Mutter Teresa
O Herr,
du allein,
alles für dich,
gebrauche mich.
Führe du mich nach deinem Willen.
Vater, nicht wie ich will,
sondern wie du willst.[67]

Impuls für den Tag
Heute einmal nicht in meinen eigenen Anliegen beten,
sondern in den Anliegen Jesu.

Wie die Kerze

Die Zahl der Schwestern wuchs beständig. Schließlich bewohnten sie zu 28 Personen das obere Stockwerk im Haus Gomes. Der größte Raum wurde als Gebetsraum hergerichtet. Pater Henry und seine Jugendgruppe tischlerten aus Holz die Einrichtung. Über dem Altar brachte Mutter Teresa ein Bild des Unbefleckten Herzens Mariens an, das Pater van Exem ihr geschenkt hatte.

Zuerst gab es nur zwei Waschgelegenheiten. Pater Henry kam wieder mit seiner Jugendgruppe zu Hilfe und richtete über dem Anbau weitere Waschgelegenheiten ein. Es braucht nicht viel Phantasie, um sich vorzustellen, was das Zusammenleben auf engstem Raum für die Einzelnen bedeutete. Und doch waren diese mühsamen Anfänge für alle eine glückliche Zeit. Weil die Schwestern Gott nichts verweigerten, ließ er ihnen spürbar den verheißenen hundertfältigen Lohn zuteil werden, den Geist der Freude, des Friedens und der Liebe.

„Die Zärtlichkeit Gottes zu uns ist groß", schrieb Mutter Teresa. „Wir empfangen so viel! Die Leute beschenken uns so reich! Unsere Antwort auf Gottes erschreckend große Liebe kann allein restlose Hingabe sein ... Er kann mit uns alles machen, was er will."[68]

• Ich gehe dem Gelesenen nach.

Mutter Teresa legte größten Wert auf eine gute geistliche Ausbildung ihrer Schwestern und unterwies sie täglich. Sie lebte ihnen den Geist der Hingabe an Gott vor. Mit ihnen zusammen ging sie in die Slums und lehrte sie, Kranke und Sterbende zu waschen und zu pflegen. Nachts schrieb sie an einem kleinen, spärlich erleuchteten Tischchen die Konstitutionen ihrer Gemeinschaft und zahllose notwendige Briefe. So blieben ihr immer nur wenige Stunden für die Nachtruhe.

„Es ist der tiefste Sinn des Lebens", sagt Romano Guardini, „sich in Wahrheit und Liebe für Gott zu verzehren, wie die Kerze in Licht und Glut." Allerdings löst der Gedanke an eine solche Hingabe des Lebens zunächst oft Widerstände aus. Denn von Natur aus will der Mensch sein Leben bewahren, nicht hingeben. Warum wir reich beschenkt werden, wenn wir es wagen, uns Gott ganz zu überlassen, begründet Mutter Teresa so: „Die Ganzhingabe besteht darin, uns restlos Gott zu übergeben. Weshalb …? Weil Gott sich selbst uns gegeben hat. Wenn Gott … bereit ist, nicht weniger als sich selbst zu geben, werden wir da bloß mit einem Teil von uns antworten? Sich restlos Gott hingeben ist ein Mittel, Ihn selbst zu bekommen … So bringe ich Gott dazu, für mich zu leben. … Wie reich sind wir nun! Wie leicht ist es, Gott zu erobern!"[69]

• Ich schaue auf mein Leben zurück. Kenne ich die Erfahrung von Glück, wenn ich mich Gott zur Verfügung gestellt habe?

Gott hat seinen eigenen Sohn nicht verschont,
sondern ihn für uns alle hingegeben –
wie sollte er uns mit ihm nicht alles schenken?
(Röm 8,32)

Gebet des heiligen Ignatius

In seinen Exerzitien legt Ignatius den Teilnehmern das folgende Gebet vor:

Nimm Dir, Herr, und übernimm
meine ganze Freiheit,
mein Gedächtnis, meinen Verstand
und meinen ganzen Willen,
mein ganzes Haben und Besitzen.

Du hast es mir gegeben,
zu Dir, Herr, wende ich es zurück.
Das Gesamte ist Dein,
verfüge nach Deinem ganzen Willen,
gib mir Deine Liebe und Gnade,
das ist mir genug.[70]

Impuls für den Tag

Hingabe an Gott kann im Alltag bedeuten: eigene Vorstellungen und Vorurteile hingeben, Gott und den Menschen Zeit gönnen, dem Lästigen geduldige Liebe schenken, dem Mitmenschen den Vorrang einräumen, auf die eigene Bequemlichkeit verzichten …

Ein Zeichen des Himmels

Am 7. Oktober 1950 wurden die Missionarinnen der Nächstenliebe als diözesane Kongregation von Rom anerkannt. Mutter Teresa schreibt: „Dieser 7. Oktober war ein großer Tag für uns. … Er markiert den … offiziellen Beginn unserer Kongregation. Ich war sehr glücklich, dass das römische Dokument ausgerechnet an diesem Tag eintraf. Es war das Fest der Muttergottes vom Rosenkranz. Dieses Zusammentreffen schien mir wie ein Zeichen des Himmels."[71]

Mutter Teresa sieht in Maria die Mutter, „die uns am besten helfen kann, Jesus zu lieben, und die uns den kürzesten Weg zeigt, der zu Ihm führt."[72] Als sie 1947 zu den Armen berufen wurde, vernahm sie die Stimme der Gottesmutter: „Kümmere dich um sie … bringe sie zu Jesus – trag Jesus zu ihnen. Lehre sie, den Rosenkranz zu beten – den Familienrosenkranz, und alles wird gut werden." Und sie hörte die Zusage: „Jesus und ich werden bei dir und deinen Kindern sein."[73]

Mutter Teresa hatte sich Maria ganz in die Hände gegeben und empfahl ihren Schwestern: „Meine Töchter, geben wir Maria die volle Freiheit, sich unser zu bedienen zur Ehre ihres Sohnes."[74]

Immer wieder sah man sie mit dem Rosenkranz in der Hand. Und auch ihre Schwestern beten „den Rosenkranz auf den Straßen und in den dunklen Löchern der Slums." „Haltet euch am Rosenkranz fest wie Efeu am Baum", sagte sie ihnen, „ohne Unsere Liebe Frau können wir nicht stehen."[75] Dieses Bild vom Efeu zeigt deutlich, wo

Mutter Teresa in ihren Schwierigkeiten und in der Sorge um das geistliche Wachstum der Schwestern Halt fand. „Wenn wir uns an Maria halten, wird sie uns ihren Geist des liebenden Vertrauens, der vollkommenen Hingabe und der Freude schenken."[76]

• Ich denke über meine Beziehung zu Maria nach.

Der Rosenkranz gewinnt – wie jedes Gebet – an Wert, wenn er nicht nur mit den Lippen, sondern gesammelt mit dem Herzen gebetet wird. Er verlangt viel Aufmerksamkeit, besonders für jene, die ihn auf den Straßen der Städte beten. Unaufhörlich wollen zerstreuende Gedanken, Bilder, Gefühle in das Gebet eindringen. Mutter Teresa sucht auch hier Hilfe bei der Gottesmutter: „Bitten wir Maria ganz schlicht, uns beten zu lehren, wie sie Jesus (in Nazaret) beten gelehrt hat."[77]

• Ich könnte jetzt Maria bitten, mich beten zu lehren.

Mutter Teresa weiß, dass dieses Gebet, besonders am Anfang, nicht leicht ist. Es bedarf der Mühe, die sich aber lohnt. „Bemühen wir uns, den Rosenkranz immer besser zu beten."[78] Der Rosenkranz ist ein ganzheitliches, meditatives Gebet, einfach, aber anspruchsvoll, ein Gebet des Herzens. Während die Perlen durch die Finger gleiten und die Lippen das Ave sprechen, schauen die Augen des Glaubens mit Maria die großen Geheimnisse des Lebens Jesu.

Maria bewahrte alles,
was geschehen war, in ihrem Herzen
und dachte darüber nach.
(Lk 2,19)

Gebet von Mutter Teresa

Maria, Mutter Jesu,
schenk mir dein Herz,
so schön, so rein, so unbefleckt,
so voller Liebe und Demut,
damit ich fähig werde,
Jesus im Brot des Lebens zu empfangen,
ihn zu lieben, wie du ihn geliebt hast,
und ihm in der erschütternden Verkleidung
der Ärmsten der Armen zu dienen.[79]

Impuls für den Tag

Heute nehme ich mir Zeit für das Rosenkranzgebet.
(GL 33)

Persönlich gegenwärtig

Mit der kirchlichen Anerkennung der neuen Kongregation am 7. Oktober 1950 erhielten die Schwestern auch die Erlaubnis, das Allerheiligste Sakrament in ihrer Kapelle aufzubewahren. Damit erfüllte sich für Mutter Teresa und die Schwestern eine langgehegte Sehnsucht. Mutter Teresa schrieb an den Erzbischof: „Bald wird unser Herr bei uns sein – Alles wird dann einfach sein – Er wird persönlich gegenwärtig sein."[80] Als es soweit war, hielten die Schwestern in Freude und Dankbarkeit den ganzen Tag eucharistische Anbetung.

Mutter Teresa glaubt unerschütterlich an die katholische Lehrtradition, dass Jesus in diesem Sakrament mit Gottheit und Menschheit, mit Leib und Seele persönlich und bleibend gegenwärtig ist und dass er hier in besonderer Weise seine Verheißung erfüllt: „Seht, ich bin bei euch alle Tage bis zur Vollendung der Welt" (Mt 28,20).

In der abendlichen Anbetungsstunde lernen die Schwestern, durch das sichtbare Äußere des Brotes hindurchzuschauen auf die unsichtbare, bleibende Wirklichkeit der Gegenwart Jesu. „Eine große Zahl von Schwestern", schreibt der damalige geistliche Begleiter Pater Le Joly, „versichert, dass sie in der betenden Verehrung der Heiligen Eucharistie die Kraft finden, täglich ihre Arbeit zu tun."[81]

Mutter Teresa sieht in der Eucharistie die Fortsetzung der Menschwerdung Jesu. „Ich kann nicht ohne Messe und heilige Kommunion sein, ohne Jesus"[82], sagt sie. Eucharistiefeier und eucharistische Anbetung gehören zusammen. Die Anbetung lässt uns das Geheimnis der Eucharistiefeier tiefer verstehen; und diese drängt hin zur verweilenden Betrachtung und zur Anbetung.

• Ich denke darüber nach, was mir Jesus in der Eucharistie bedeutet.

Der Glaube an Jesus in der hl. Eucharistie und der Glaube an seine Anwesenheit in den Armen und Leidenden sind für Mutter Teresa eins: „Wenn ich Jesus in der Gestalt des Brotes sehen kann, werde ich ihn auch in den geschundenen Leibern der Armen sehen können. ... Wenn ich dieses tiefe Vertrauen in die Eucharistie habe, werde ich ihn ganz selbstverständlich in den geschundenen Leibern berühren können."[83]
Es ist Mutter Teresa ein Herzensanliegen, die Kinder in den Slums zu Jesus zu führen. Deshalb lädt sie sie zur sonntäglichen Eucharistiefeier ein. In einem Brief schreibt sie: „Du wirst Dich freuen, wenn ich Dir mitteile, dass wir nun in Boitakhana Sonntagsgottesdienste für die armen Slumkinder abhalten. Wir führen die Kinder und ihre Mütter zur Kirche; zurzeit etwa einhundertzwanzig Frauen und um die dreihundert Kinder. Als wir damit anfingen, im letzten Mai, waren es nur sechsundzwanzig Kinder."[84]
Einige ihrer Schwestern, die Gefangene besuchten, kamen auf die Idee, das Altarsakrament ins Gefängnis zu bringen, „und der dortige Kaplan hat begonnen, täglich eine halbe Stunde Anbetung zu halten." Mutter Teresa, die diese Begebenheit erzählt, fährt fort: „Welcher Anblick: Diese Gefangenen, Jugendliche und Männer, bei der Anbetung! Die Schwestern sind daran, einige von ihnen auf die erste Kommunion vorzubereiten."[85] Was ih-

nen selbst soviel Kraft vermittelt, wollen sie den anderen nicht vorenthalten.

Jesus sagt: Ich bin das Brot des Lebens;
wer zu mir kommt, wird nie mehr hungern,
und wer an mich glaubt, wird nie mehr Durst haben.
(Joh 6,35)

Gebet nach einem Text von Mutter Teresa

Jesus, du hast uns geliebt;
lass uns einander lieben, ...
wie du uns in der Eucharistie liebst.
Es gibt keine größere Liebe als die deine.
Mit dir, Jesus, ist alles möglich;
denn du bist die Liebe.[86]

Impuls für den Tag

Heute Jesus für seine Gegenwart in der heiligen Eucharistie danken.

Rückblick

„Aufmerksam sein für den anderen ist die Grundlage großer Heiligkeit. Wenn ihr die Kunst lernt, aufmerksam zu sein, werdet ihr mehr und mehr Christus ähnlich, denn er war von Herzen gütig und dachte immer an die anderen."[87]

Ich schaue auf die vergangene Woche zurück

Ich nehme mir Zeit, meine Aufzeichnungen durchzugehen. Die folgenden Fragen können dabei eine Hilfe sein.

- Welcher Text, welches Schriftwort oder Gebet hat mich besonders angesprochen?
- Wo fühle ich mich herausgefordert oder beunruhigt?
- Welches war für mich die wichtigste Erfahrung?
- Wie kann sie mir auch in Zukunft wichtig bleiben?

Ich halte schriftlich fest, was ich behalten möchte

Psalm 34,1–7.9
Ich will den Herrn allezeit preisen;
immer sei sein Lob in meinem Mund.
Meine Seele rühme sich des Herrn;
die Armen sollen es hören und sich freuen.
Verherrlicht mit mir den Herrn,
lasst uns gemeinsam seinen Namen rühmen.
Ich suchte den Herrn, und er hat mich erhört,
er hat mich all meinen Ängsten entrissen.

Blickt auf zu ihm, so wird euer Gesicht leuchten,
und ihr braucht nicht zu erröten.
Da ist ein Armen; er rief, und der Herr erhörte ihn.
Er half ihm aus all seinen Nöten.
Kostet und seht, wie gütig der Herr ist;
Wohl dem, der zu ihm sich flüchtet.

DRITTE WOCHE

Frei von Menschenfurcht

Mutter Teresa und ihre Schwestern fanden auf den Straßen Kalkuttas immer wieder Sterbende, für die sie keine
Unterkunft hatten. Auch das wachsende Noviziat brauchte dringend eine Bleibe. „Wir beteten damals ... flehent-
lich um ein Haus in Kalighat und um ein neues Haus, in
dem das Noviziat untergebracht werden sollte"[88], berichtet eine Schwester aus dieser Zeit.

Mutter Teresa war offenbar schon damals so frei von Menschenfurcht, dass sie sich nicht scheute, etwa drei Monate
lang mit ihren Schwestern abends zwischen sechs und
neun Uhr laut betend durch die Straßen zu ziehen. Der
Weg führte zunächst zur Pfarrkirche und von dort aus zu
der von Pater Henry erbauten Fatimakapelle, zwei Kilo-
meter von der Kirche entfernt. „Wir ... beteten laut den
Rosenkranz ... und legten Unserer Lieben Frau unsere
Sorgen und Wünsche ans Herz ... Tagsüber hatten wir
hart zu arbeiten, am Abend zogen wir im Gebet durch die
Straßen. Wir bestürmten den Himmel. ... Wir wussten,
Gott würde uns nicht vorenthalten, was wir so dringend
brauchten. ... Und unsere Gebete wurden erhört."[89]

Im Februar 1953 fand sich für das Noviziat ein größeres
Gebäude in der Lower Circular Road, das spätere Mut-
terhaus. Der Erzbischof streckte die Kaufsumme vor. Und
nach erheblichen Schwierigkeiten konnte 1954 das Ster-
behaus in Kalighat eröffnet werden.

Drei Monate lang Abend für Abend drei Stunden in Pro-
zession betend durch die Straßen der Millionenstadt Kalkutta – das erregt Aufsehen. Mutter Teresa beunruhigt

sich weder über das Gerede der Menschen noch fürchtet sie die Medien. Schon bevor sie Loreto verließ, hörte sie Jesus sagen: „Auch wenn die ganze Welt gegen dich wäre, über dich lacht, … fürchte dich nicht. Ich bin es, der in dir ist."[90] Sie hat nur Jesus und ihre Armen im Sinn. „Kümmere dich nicht um anderer Leute Meinungen", sagt sie ihren Schwestern; denn sie weiß, dass viel Gutes aus Furcht vor Kritik unterbleibt. „Sei demütig, und nichts wird dich verwirren."[91]

• Ich überlege, ob/wo Menschenfurcht mich hindert, Gutes zu tun.

Die Angst um unser Ansehen kann uns so einnehmen, dass wir das Gute unterlassen, das wir tun wollen und sollen. Reinhold Schneider sagte einmal: „Auf der Angst ruht die Macht des Bösen … darum steigert und verbreitet der Böse die Angst, wo immer er sein Reich begründen … will. Vor dem Frieden dessen, in dem Christus lebt, zerfällt die Angst."[92]

Mutter Teresas Verhalten zeugt von innerer Freiheit. Weder Lob noch Tadel hinderten sie, ihre Sendung auszuführen. Statt die Öffentlichkeit zu meiden, nutzte sie sie für ihre Armen. Dabei stieß sie durchaus nicht nur auf Zustimmung.

Mehr und mehr jedoch fand ihr Engagement in der Lokalpresse und schließlich auch in den internationalen Medien ein positives Echo mit der Folge, dass Mutter Teresa bekannt wurde. Menschen in der ganzen Welt begannen, ihre Arbeit zu schätzen und zu unterstützen. Zahlreiche Helferkreise bildeten sich. Auch viele Persönlichkeiten des öffentlichen Lebens suchten sie auf und spendeten für die Armen. Aus allen Kontinenten meldeten sich Kandidatinnen zum Eintritt. Mutter Teresa erhielt bedeutende Ehrungen und Preise – bis hin zum Friedensnobelpreis im Jahre 1979. Die Auszeichnungen und das damit verbundene Geld nahm sie stellvertretend für ihre Armen an.

In Mutter Teresas Leben leuchtet auf, dass die Liebe die Menschenfurcht überwindet.

Furcht gibt es in der Liebe nicht,
sondern die vollkommene Liebe vertreibt die Furcht.
(1 Joh 4,18)

Gebet von Mutter Teresa
Gib mir Dein Licht. –
Sende mir Deinen Geist –
der mich Deinen Willen lehren soll –
der mir Kraft geben wird,
die Dinge so zu tun, dass sie Dir gefallen.
Jesus, Mein Jesus.[93]

Impuls für den Tag
Heute mich statt von Furcht von Liebe bestimmen lassen.

Nicht für eine Million

Für Mutter Teresa lebt die Liebe vom Opfer. Unsere Zeit tut sich schwer damit; es erscheint vielen als nutzlose und unwirksame Beschneidung der eigenen Möglichkeiten. „Die Liebe, um fruchtbar zu sein, muss uns etwas kosten"[94], sagt Mutter Teresa. Sie antwortet so auf die Liebe Jesu, der seine Lebenshingabe im Opfer vollzieht. Er stirbt „als Lösegeld für alle" (1 Tim 2,6) und begründet damit den neuen Bund „in seinem Blut". „Durch sein Blut haben wir die Erlösung, die Vergebung der Sünden" (Eph 1,7). Wie das Gebet – so dürfen wir hoffen – erreicht das mit Jesus verbundene freiwillige Opfer aus Liebe das Herz Gottes und setzt seine erlösende Gnade frei.

- Ich spüre nach, was der Begriff Opfer in mir auslöst.

Mutter Teresa schaut immer wieder auf Jesus am Kreuz. Ergriffen von seiner Liebe, fühlt sie sich zum Opfer herausgefordert als Zeichen ihrer Gegenliebe. Schon 1929 auf der Überfahrt nach Bengalen dichtete sie:

In ihrer Hand hält sie ein eisernes Kreuz,
An dem der Erlöser hängt,
Und ihre eifrige Seele bietet
Ihr schmerzvolles Opfer an.
,O Gott, nimm dieses Opfer an
Als Zeichen meiner Liebe …'[95]

Wie jeder gesund empfindende Mensch schreckte Mutter Teresa natürlicherweise vor dem Opfer zurück. „Ich bin von Natur aus einfühlsam", so gestand sie Erzbischof Périer, als sie ihn von ihrer zweiten Berufung zu überzeugen suchte, „ich liebe schöne feine Dinge und Komfort und all das, was Komfort geben kann – lieben und geliebt zu werden … Absolute Armut, das indische Leben und das Leben der Ärmsten wird harte Arbeit gegen meine große Selbstliebe sein. Trotzdem sehne ich mich … danach, diese Art von Leben zu führen … Ihm (Jesus) allein zu gefallen ist die Freude, nach der ich suche."[96] Die Liebe zu Jesus macht Mutter Teresa zu diesem Opfer bereit.

Im Opfer, das kein leerer Ritus ist, übersteigen wir uns. Weil wir uns nicht selbst geben können – wir haben uns ja nicht in der Hand –, geben wir zeichenhaft *etwas* von uns, das uns kostbar ist: von unserem Besitz, unserer Kraft, unserer Zeit, unserer Freiheit.

Einem Menschen, der zum Opfer bereit ist, wachsen oft ungeahnte Kräfte zu. Er überwindet Widerstände und Feigheit, packt mutig schwierige Aufgaben an und hält durch, wenn Erfolge auszubleiben scheinen. „Was verschlägt's, wenn du Abscheu empfindest und wegläufst?", sagt Mutter Teresa zu einer Schwester, „Gefühle zählen nicht. Lauf nur weg, komm aber so bald als möglich wieder! … Liebe, die wahrhaftig ist, muss uns weh tun."[97]

• Wo fühle ich mich zum Opfer herausgefordert?

Ein Reporter, der Mutter Teresa bei einer äußerst unangenehmen Arbeit zuschaute, meinte spontan: „Nicht für eine Million Dollar würde ich das tun." Sie wandte sich ihm zu und antwortete: „Ich auch nicht."[98] Ihre Antwort wirkt schlagfertig, sie ist einfach nur wahr. Sie verrichtet ihre Arbeit nicht für etwas, sondern für Jemand.

Angesichts des Erbarmens Gottes
ermahne ich euch, …
euch selbst als lebendiges und heiliges Opfer darzubringen,
das Gott gefällt;
das ist für euch der wahre und angemessene Gottesdienst.
(Röm 12,1)

Gebet von Mutter Teresa
In Einheit mit all den vielen Menschen,
die sich auf der ganzen Welt aufopfern,
opfere ich Dir mein Herz auf.
Mach es sanftmütig & demütig wie Deines.[99]

Impuls für den Tag
Heute Jesus aus Liebe etwas opfern.

Bleistift

Pater van Exem erinnert sich an ein Gespräch mit Mutter
Teresa, bei dem sie versonnen mit einem Bleistiftstummel
spielte und sagte: „Sehen Sie, so ungefähr verhält es sich
bei mir. Ich bin sozusagen sein Bleistift, ein kleiner, un-
bedeutender Bleistiftstummel in seiner Hand, mit dem er
schreibt, was er will."[100]

Das „Werkzeug" in Gottes Hand will nichts für sich, es
dient. Natürlicherweise widerstrebt es dem Menschen zu
dienen; vor allem will er nicht wie ein Werkzeug ge-
braucht werden – weder von Menschen noch von Gott.
Er fürchtet um seine Menschenwürde.

Mutter Teresa lebt in dem Bewusstsein, dass Gott Liebe
ist und unsere Freiheit und Würde unbedingt achtet, so
dass wir nichts verlieren, wenn wir uns ihm überlassen,
dass wir im Gegenteil zur höchsten Entfaltung kommen,
weil Gott uns Anteil gibt an seinem Leben und Handeln.
Und zugleich ehren wir Gott, wenn wir seiner Liebe bedingungslos vertrauen.

Nachdem Mutter Teresa erkannt hatte, dass Gott sie für
die Ärmsten der Armen gebrauchen will, schrieb sie Erzbischof Périer: „Haben Sie keine Angst um mich – und
auch nicht um die, die sich mir anschließen werden – Er
wird sich um uns alle kümmern. Er wird mit uns sein …
Er wird alles tun. Ich, ich selbst bin nur ein kleines Werkzeug in Seinen Händen, und gerade weil ich nichts bin,
will Er mich benutzen."[101]

• Ich lasse mir Zeit, das Gelesene aufzunehmen.

Mutter Teresa spürt sehr deutlich, dass Gott sich ihrer Person bedienen will, um seine Liebe den Menschen zu schenken, dass er aber ihre Freiheit achtet: „Oft sehe ich Kabel", sagt sie, „dünne und dicke, neue und alte, billige und teure, die alle nebeneinander liegen. Solange kein Strom durch sie hindurchgeht, gibt es kein Licht. Solch ein Draht sind wir, du und ich. Der Strom ist Gott. Wir haben die Macht, den Strom durch ihn hindurchfließen zu lassen, uns benutzen zu lassen, damit das Licht in der Welt – Jesus – aufleuchte, oder uns zu weigern, ein solcher Draht zu sein, und so zuzulassen, dass Finsternis sich ausbreitet."[102]

• Ich spüre nach, wo und wann Gott vielleicht auch durch mich gewirkt hat oder wirken will.

Weil Mutter Teresa darauf vertraut, dass Gott durch sie handelt, braucht sie sich selbst den Kopf nicht zu zerbrechen mit Überlegungen und Planungen aller Art; sie setzt gelassen und fröhlich ihre Schritte. Zu diesem einfachen Weg, Gott die ganze Freiheit zu schenken, lädt sie auch andere Menschen ein: „Der Kardinal von St. Louis bat mich einmal, ihm etwas in sein Brevier zu schreiben. Ich schrieb: ‚Lass zu, dass Jesus sich deiner bedient, ohne dich zu fragen.' Er antwortete mir in einem seiner Schreiben: ‚Sie wissen gar nicht, was Sie mir angetan haben. Jeden Tag erforsche ich mein Gewissen und frage mich: Habe ich Jesus erlaubt, sich meiner zu bedienen, ohne mich vorher zu fragen?'"[103]

Jesus sagt: Ich bin der Weinstock, ihr seid die Reben.
Wer in mir bleibt und in wem ich bleibe,
der bringt reiche Frucht;
denn getrennt von mir könnt ihr nichts vollbringen.
(Joh 15,5)

Gebet nach einem Text von Mutter Teresa

Jesus,
lass uns zu wahrhaften und fruchtbaren Reben
an deinem Weinstock werden,
indem wir dich in unserem Leben
in der Gestalt annehmen,
in der zu kommen es dir gefällt.[104]

Impuls für den Tag von Mutter Teresa

Heute Jesus erlauben, „sich meiner zu bedienen, ohne mich vorher zu fragen".

Mich dürstet

1965 eröffnete Mutter Teresa ihr erstes Haus im Ausland, in Venezuela. Immer wenn eine neue Niederlassung entstand, ging sie zunächst in den Gebetsraum und hängte das Kreuz auf. Darunter steht in allen Kapellen ihrer Schwestern das Wort Jesu am Kreuz: „Mich dürstet." Sie erläutert: „‚Mich dürstet', ‚gib mir zu trinken', sagte Jesus, als er, ohne jeden Trost, in totaler Armut am Kreuz starb; als er allein gelassen, verachtet, an Leib und Seele gebrochen war. Er sprach von seinem Durst, nicht Durst nach Wasser, sondern nach Liebe, nach Opfer."[105] Das Wort „Mich dürstet" ist ein Schlüssel zum Verständnis der Berufung der Missionarinnen der Nächstenliebe.

Auch Mutter Teresas Namenspatronin Therese von Lisieux fand darin ihre Sendung ausgedrückt: „Ich fühle, Jesus verlangt von uns …, dass wir seinen Durst stillen, indem wir Ihm Seelen schenken."[106]

Schon in der Loretoschule hatte Mutter Teresa Exerzitien über dieses Wort gehalten. Sie verband es mit der Bitte, die Jesus am Jakobsbrunnen an die Samariterin richtet: „Gib mir zu trinken."[107] Das Johannesevangelium berichtet, dass die Frau sich wundert: Wie kann ein Jude sie als samaritische Frau bitten? Jesus antwortet: „Wenn du wüsstest, worin die Gabe Gottes besteht und wer es ist, der zu dir sagt: Gib mir zu trinken!, dann hättest du ihn gebeten, und er hätte dir lebendiges Wasser gegeben" (Joh 4,10).

• Ich gehe dem Schriftwort nach.

Mutter Teresas Aufzeichnungen zu diesen Exerzitien sind leider nicht erhalten. In ihren Schriften tauchen die Worte „Mich dürstet, gib mir zu trinken" immer wieder auf. Offenbar war sie tief davon beeindruckt. Sie ist betroffen, dass Gott, der in sich dreifaltige Liebe ist, Menschen um die Antwort der Liebe bittet. Liebe wird zum Leiden, wenn sie auf Gleichgültigkeit oder Ablehnung stößt. Bei Mutter Teresa entfacht Jesus in der hl. Eucharistie leidenschaftliche Gegenliebe: „Von Jesus in der Eucharistie lernen wir, wie sehr Gott danach dürstet, uns zu lieben und wie sehr Er nach unserer Liebe dürstet."[108] Den Durst Jesu zu stillen, bedeutet für Mutter Teresa ganz konkret, dem Nächsten zu dienen: „Mit jedem Dienst, den ich Kranken und Sterbenden erweise, stille ich den Durst nach Liebe, den Jesus in jener Person hat. Ich biete ihm die Liebe Gottes an, die in mir ist."[109]

Nach Mutter Teresas Tod sagte Johannes Paul II. beim Angelusgebet: „Ihre Mission begann jeden Tag, noch vor dem Morgengrauen, vor der Eucharistie. In schweigender Betrachtung hörte Mutter Teresa von Kalkutta in sich den Ruf Jesu am Kreuz: ‚Mich dürstet.' Dieser Ruf, den sie tief in ihrem Herzen aufnahm, drängte sie auf die Straßen Kalkuttas und in alle Außenbezirke der Welt, um Jesus in den Armen, in den Verlassenen und in den Sterbenden zu suchen."[110]

- Ich bitte Gott, mir zu zeigen, was er sich von mir wünscht.

Wer Durst hat, komme zu mir,
und es trinke, wer an mich glaubt.
Aus seinem Innern werden Ströme
von lebendigem Wasser fließen.
(Joh 7,37f)

Gebet von Mutter Teresa

Maria, Mutter Jesu und meine Mutter,
du hast als erste den Schrei Jesu gehört:
„Mich dürstet." …
Lehre mich, führe mich zu der Liebe,
die der gekreuzigte Jesus im Herzen hatte.
Mit deiner Hilfe werde ich den Durstschrei Jesu hören.
Er ist für mich Wort des Lebens.
Wenn ich mich an dich halte,
werde ich Ihm meine Liebe geben
und Ihm die Möglichkeit, mich zu lieben.
So werde ich … den Durst Jesu stillen,
seinen Durst nach der Liebe der Menschen. Amen.[111]

Impuls für den Tag

Ich höre die Bitte Jesu: „Gib mir zu trinken" als an mich
gerichtet.

Kalkutta ist überall

Durch die starke Zuwanderung nach Kalkutta stieg die Zahl der Armen dort ständig – trotz des Einsatzes vieler nationaler und internationaler Hilfsorganisationen. 1974 gab es in der Stadt am Gangesdelta etwa 3000 Slumgebiete.

Bei diesem Massenelend erhielt Mutter Teresa für ihre Arbeit nicht nur Lob. „So oft hat man mir gesagt, ich müsste nicht Fische geben, sondern Angeln, damit die Menschen selbst fischen können. Mein Gott! Wie oft haben sie nicht die Kraft, eine Angel zu halten. Wenn ich ihnen Fisch gebe, helfe ich ihnen, die Kraft zu gewinnen, die sie morgen zum Fischen brauchen."[112] Dabei anerkennt Mutter Teresa durchaus den Einsatz derer, die für Gerechtigkeit kämpfen und Strukturen zu verändern suchen: „Alle müssen Gott dort dienen, wohin sie sich gerufen fühlen."[113]

Sie hat keinen Zweifel, mit ihrem Werk Gottes Willen zu erfüllen. „Das Bemerkenswerte an dieser Arbeit ist, dass durch die göttliche Vorsehung die Aufmerksamkeit der ganzen Welt auf die Existenz der Ärmsten gelenkt wird. Obwohl wir ein unbedeutendes Werkzeug sind, bin ich sicher, dass Gott durch uns zur Welt spricht."[114]

Durch Mutter Teresa sind viele Menschen herausgefordert worden zum Einsatz für die Armen. Sie kann uns, auch wenn wir keine großen Projekte starten können, ermutigen, das einzubringen, was wir zu geben haben.

- Ich überlege, was ich einbringen könnte, um die Not der Armen zu lindern.

Im Umgang mit den Armen spürt Mutter Teresa, dass der materielle Mangel oft nur die Außenseite eines schlimmeren inneren Leids ist: sich unwichtig, lästig, überflüssig zu fühlen. In dieser inneren Not verstanden zu werden bedeutet ihnen oft mehr als eine materielle Gabe. Daher geht es Mutter Teresa „nicht unbedingt darum, etwas für die Armen zu *tun*, sondern ... dass man in ihren Leiden bei ihnen ist"[115].

„Kalkutta ist überall", sagt Mutter Teresa, auch in den Wohlstandsländern. Während sie z.B. in England durch die Straßen geht, kommt ein Mann auf sie zu und fragt: „Sind Sie Mutter Teresa?" Als sie bejaht, bittet der Mann: „Bitte, senden Sie Ihre Schwestern in unser Haus. Ich bin halb blind, und meine Frau ist fast geisteskrank; wir sehnen uns einfach danach, eine menschliche Stimme zu hören." Mutter Teresa fügt hinzu: „Sie hatten alles – doch da war die große Einsamkeit ... Sie waren nun unerwünscht, sozusagen nicht mehr zu gebrauchen, zu nichts mehr nütze."[116] „Das ist – mitten unter uns – eine andere Art von Armut; eine Armut ... des Verlassenseins und des Unerwünschtseins. Darin sehe ich heute die schlimmste Krankheit auf der Welt."[117]

• Ich versuche mich in solche Menschen bei uns einzufühlen, um sie in ihrer Armut zu verstehen.

Wenn jemand Vermögen hat
und sein Herz vor dem Bruder verschließt,
den er in Not sieht,
wie kann die Gottesliebe in ihm bleiben? ...
Wir wollen nicht mit Wort und Zunge lieben,
sondern in Tat und Wahrheit.
(1 Joh 3,17f)

Gebet von Mutter Teresa
bei der Verleihung der Ehrendoktorwürde in Cambridge
(1977)

Mach uns würdig, Herr,
unseren Mitmenschen in der ganzen Welt zu dienen,
die in Armut und Hunger leben und sterben.
Gib ihnen durch unsere Hände
heute ihr tägliches Brot,
durch unsere verstehende Liebe
Frieden und Freude.

Impuls für den Tag
Heute lieben „in Tat und Wahrheit".

Die größte Armut

Auf Einladung von Papst Paul VI. kamen die Schwestern von Mutter Teresa nach Rom. Sie suchten verlassene Menschen auf und fanden einen alten Mann, der von Leid und Einsamkeit verstummt war. Ganz in sich verschlossen, schaute er den Schwestern zu, die ihm zu essen brachten, die Wohnung putzten und seine Wäsche wuschen. Der Mann sagte kein Wort. Als die Schwestern fühlten, dass er mehr noch als ihre Dienste Liebe brauchte, besuchten sie ihn jeden Tag zweimal. Endlich, nach einer ganzen Woche, brach der Mann das Schweigen und sagte: „Schwestern, ihr habt Gott in mein Leben gebracht. Jetzt bringt mir auch einen Priester, denn ich will beichten. Seit 60 Jahren habe ich das nicht mehr getan."[118] Durch die Liebe fand der Mann zu Gott und zum Frieden.

Es ist für Mutter Teresa und ihre Schwestern immer eine besondere Freude, wenn sie erfahren, dass ihre Liebe, die von Gott ausgeht, zu ihm zurückführt. Gott lässt die Sonne seiner Liebe aufgehen über allen Menschen, „über Guten und Bösen". Wer sich in diese Sonne stellt, empfängt ihre Leuchtkraft und Wärme. Wer sich dieser Sonne entzieht, dem kann Gott seinen Reichtum nicht geben. Denn er achtet unsere Freiheit. „Nicht einmal Gott, der Allmächtige, kann jemand bekehren, der nicht will"[119], sagt Mutter Teresa. Menschen, für die Gott keine Rolle spielt oder die ihm nur eine Nebenrolle zuweisen, werden auf Dauer einen Mangel spüren. „Sie wissen, dass ihnen etwas … fehlt, doch sie wissen nicht, was es ist. Was ihnen wirklich fehlt, ist eine lebendige Beziehung zu Gott."[120]

- Ich spüre nach, wie lebendig meine Beziehung zu Gott ist.

Je tiefer Mutter Teresa in das menschliche Leid hinab-
steigt und es versteht, desto klarer erkennt sie die letzte
Ursache der Not des einzelnen Menschen und der
Menschheit: „Das ist … die größte Armut, die ein Men-
schenherz treffen kann: ohne Liebe, ohne Gott zu
sein."[121]
In einem Interview[122] erläutert sie: „In der Welt von heute sehe ich viel Leid und Elend, aber auch einen großen
Hunger nach Gott und seiner Liebe." Leid gehört für sie
zum Menschen, weil er nur so lernt, über die Grenze dieses vergänglichen Lebens hinauszuschauen.
Zudem lässt Gott „das Leid in einem gewissen Sinn zu,
damit die Menschen leidend begreifen: … Leid ist das,
was *wir* zustandebringen. Wir können Kriege führen,
Unordnung schaffen, und wenn wir allein (ohne Gott)
bleiben, gibt es nichts anderes. … Wenn wir uns ihm zu-
wenden, da er die Liebe ist, und weil er allein uns Liebe
geben kann, dann erfassen wir auch seinen Willen, dass
wir einander lieben, so wie er uns geliebt hat … Dann
können wir alles ändern."
Die Liebe gipfelt darin, den Menschen so zu lieben – und
so lange, bis er zur Quelle der Liebe findet und selbst zum
Lieben fähig wird. Sören Kierkegaard sagt: „Einen anderen Menschen lieben heißt: ihm helfen, Gott zu lieben.
Geliebt werden heißt: Hilfe erhalten, Gott zu lieben."

- Ich denke darüber nach, was dies konkret für mich bedeuten kann.

Gott spricht:
Mit ewiger Liebe habe ich dich geliebt,
darum habe ich dir … die Treue bewahrt.
Ich verwandle ihre Trauer in Jubel,
tröste und erfreue sie nach ihrem Kummer.
(Jer 31,3.13)

Gebet nach einem Text von Mutter Teresa

Guter Gott,
es ist wunderbar zu wissen,
dass du uns liebst.
Gib, dass möglichst viele Menschen
dich kennen, dich lieben, dir dienen lernen.
Denn das ist wahres Glück.[123]

Impuls für den Tag von Mutter Teresa

„Verbreite Liebe in deinem Haus, denn es ist der Ort, an dem die Liebe … beginnen muss."[124]

Rückblick

Mutter Teresa erzählte einmal von einem Hindu, der auf die Frage „Was ist ein Christ?" antwortete: „Ein Christ gibt." Mutter Teresa gefiel diese Antwort, und sie ergänzte: „Gott liebte diese Welt so sehr, dass er ihr seinen Sohn gab – das erste Geben. Er war reich, aber um deinet- und meinetwillen wurde er arm. Er gab sich ganz. Aber nicht genug: Er wollte noch mehr geben: nämlich uns die Möglichkeit, ihm zu geben. So machte er sich zum Hungernden und Nackten, damit wir ihm geben können."[125]

Ich schaue auf die Woche zurück
In dem Bewusstsein, dass Gott jetzt bei mir ist, gehe ich meine Notizen durch.

- Was hat mich in diesen Tagen bewegt?
- Welches Wort, welches Ereignis im Leben Mutter Teresas ist mir besonders im Gedächtnis geblieben?
- Wo spüre ich Gottes Anruf in meinem Leben?

Ich notiere, was mir wertvoll ist

Psalm 23,1–4.6
Der Herr ist mein Hirte,
nichts wird mir fehlen.
Er lässt mich lagern auf grünen Auen
und führt mich zum Ruheplatz am Wasser.
Er stillt mein Verlangen;
er leitet mich auf rechten Pfaden, treu seinem Namen.

Muss ich auch wandern in finsterer Schlucht,
ich fürchte kein Unheil; denn du bist bei mir.
Lauter Güte und Huld werden mir folgen mein Leben
lang,
und im Haus des Herrn darf ich wohnen für lange Zeit.

1975 Die Missionarinnen der Nächstenliebe feiern den 25. Jahrestag ihrer Gründung

1976 Gründung der kontemplativen „Schwestern des Wortes"

1979 Mutter Teresa erhält den Friedensnobelpreis

1984 Die Gemeinschaft der Patres der Missionarinnen der Nächstenliebe wird gegründet

1989 Gründung der Laienmissionarinnen der Nächstenliebe

1997 Schwester Nirmala wird zur zweiten Generaloberin gewählt

5.9.1997 Mutter Teresa stirbt in Kalkutta

19.10.2003 Mutter Teresa wird von Papst Johannes Paul II. selig gesprochen

Ein bisschen Stille

„Es gibt nichts, was Gott ähnlicher ist als die Stille", sagt Meister Eckhart. Und Mutter Teresa: „Wir brauchen die Stille, um Gott in uns zu vernehmen, ihn in unserem Herzen sprechen zu hören. Gott ist ein Freund der Stille."[126] Die innere Stille verwandelt uns. In dem Maß, wie Lärm und Eigenbewegung in unserem Innern aufhören, ordnet sich unser Geist, fällt der Druck der Fremdbestimmung von uns ab, steigen neue Einsichten in uns auf. „Die Stille lässt uns alles auf neue Weise sehen"[127], sagt Mutter Teresa. Im Schweigen werden wir „von Gottes eigener Schaffenskraft erfüllt"[128].

Stille und Schweigen betrachtet Mutter Teresa als Voraussetzung, um beten und lieben zu können: „Brächten wir es fertig, ein bisschen Stille in uns zu schaffen, dann würden wir zweierlei lernen: beten und demütig sein. Du kannst nicht lieben, wenn du nicht demütig bist."[129] Mit langen Reden und klugen Argumenten können wir die Menschen kaum von Gottes Liebe überzeugen. Liebevolles, aufmerksames Tun dagegen, auch ohne Worte, berührt sie. „Wir brauchen Stille, um Seelen anrühren zu können. Nicht was wir sagen, ist wesentlich, sondern was Gott zu uns und durch uns sagt."[130] Mutter Teresa erzählt von einer Schwester, die einen Leprakranken verband. Sie arbeitete schweigend und gesammelt. Ein Muslim beobachtete sie und sagte: „In all den Jahren habe ich geglaubt, Jesus sei ein Prophet, heute aber begreife ich, dass Er Gott ist, weil Er so viel Liebe in die Hände dieser Schwester gelegt hat."[131]

In unserer Zeit werden Offenheit und Kommunikation meist undifferenziert als Tugenden gepriesen. Mutter Teresa unterscheidet genauer: Wir sollen offen sein für Gott und das Gute und uns verschließen vor allem, was uns und anderen schadet. Sie formuliert Weisungen, die zum inneren Schweigen führen und „ein stetes Bewusstsein der göttlichen Gegenwart überall und in jedem einzelnen"[132] fördern. Sie werden hier gekürzt wiedergegeben:

Wir sollen unsere *Augen* öffnen, um immer und überall die Schönheit und Güte Gottes zu sehen, und sie verschließen vor der Schuld anderer Menschen und vor allem, was der Seele schadet.

Wenn wir unsere *Ohren* offen halten für die Stimme Gottes und den Schrei der Armen, gelingt es uns leichter, sie zu schließen vor all den Stimmen, die von der gefallenen Natur stammen, wie Geschwätz, Klatsch oder liebloses Gerede.

Unsere *Zunge* sollen wir dazu nutzen, in allen Ereignissen Gott zu loben und sein Wort zu verkünden, das Frieden, Hoffnung und Freude bringt, nicht aber zur Selbstrechtfertigung und zu dem, was Verwirrung und Leid hervorruft.

Auch der *Verstand* hat die wunderbare Fähigkeit, sich für die Wahrheit und die Erkenntnis Gottes zu öffnen, statt Zerstreuungen, Ängsten und Sorgen nachzugehen.

Wenn wir unser *Herz* ganz für die Liebe zu Gott und zu einander öffnen, wird es sich von Egoismus, Hass, Neid, Eifersucht und Begierlichkeit abwenden.[133]

• Ich überdenke, was für mich besonders wichtig ist.

So spricht der Herr, der Heilige Israels:
Nur in Umkehr und Ruhe liegt eure Rettung,
nur Stille und Vertrauen verleihen euch Kraft.
(Jes 30,15)

Aus einem Gebet von Kardinal Newman
(Lieblingsgebet von Mutter Teresa)

Lass mich dich so loben, wie du es am meisten liebst,
indem ich den Menschen um mich ein Licht bin.
Lass mich dich verkünden, ohne zu reden,
nicht mit Worten, sondern durch mein Beispiel,
durch … die offenbare Fülle der Liebe,
die mein Herz für dich empfindet. Amen.[134]

Impuls für den Tag
Heute mich einüben in das äußere und innere Schweigen.

Ganz unerwartet

Immer wieder haben die Menschen gestaunt über Mutter Teresas Organisationstalent und ihre Erfolge. In der Tat, sie hatte viele Talente, aber ihr eigentliches, außerordentliches Talent bestand in der Bereitschaft, sich bedingungslos Gott zur Verfügung zu stellen. Als Renzo Allegri in einem Interview mit ihr etwas über ihre Person erfahren wollte, antwortete sie wie üblich: „Über mich gibt es nichts zu sagen … Gott ist es, der alles macht."[135] Für sie „ist nichts Besonderes dabei", wenn viele Dinge sich auf unglaubliche Weise fügen. „Es ist alles einfach und logisch. Wenn ich einen Armen sehe, verspüre ich den großen Wunsch, ihm zu helfen. … Wie viel größer muss Jesu Wunsch sein, uns in den Schwierigkeiten zu helfen."[136] Mutter Teresas Glaube „versetzt Berge". „Es genügt, blind an seine Liebe zu glauben, um jeden Tag Zeuge seiner Wunder sein zu können. Oft bedient sich der Herr wenig aufsehenerregender Wege, um uns zu helfen. Er legt den Leuten ins Herz, es gut mit uns zu meinen, uns Sympathie entgegen zu bringen und mit uns zu arbeiten. Doch immer ist er es, der zu unseren Gunsten handelt."[137]

Zwei Beispiele: Als Schwester Andrea, die erste deutsche Missionarin der Nächstenliebe, nach Kalkutta kam, war nicht eine Matratze mehr frei. Die Schwestern überlegten noch, was zu tun sei. Da nahm Mutter Teresa eine Schere und trennte ihr Kissen auf, um mit dem Inhalt (alte Textilien) eine Matratze zu füllen. Gerade in dem Augenblick, als sie ihre Hand in das Kissen steckte, klopfte es ans Tor. Draußen stand ein Lastwagen voller Matratzen! Ein

Hotel hatte eine neue Einrichtung erhalten und die alten Matratzen Mutter Teresa geschickt für ihre Armen.[138]

Eine Schwester aus Agra bat am Telefon dringend um 50 000 Rupien für ein Kinderheim. „Mutter Teresa sagte: ‚Es tut mir leid, es geht nicht. Wir haben das Geld nicht.‘ Am selben Tag erhielt sie telefonisch die Nachricht, sie habe von der Regierung der Philippinen den Magsaysay-Preis (für internationale Verständigung) erhalten. Als sie hörte, mit dem Preis verbunden sei ein Betrag von ungefähr 50 000 Rupien, soll sie, während sie noch den Hörer auflegte, gesagt haben: ‚Anscheidend will Gott ein Kinderheim in Agra.‘“[139]

In vielen ähnlichen Notsituationen stellte sich auf „wunderbare“ Weise Hilfe ein. Das lässt sich unterschiedlich deuten: Zufall, sagen die einen; Gott hat geholfen, sagt Mutter Teresa. Vielleicht ist es so, wie die hl. Therese von Lisieux formulierte, dass man soviel von Gott erhält, als man von ihm erhofft.

„Ich könnte euch“, so Mutter Teresa, „eine ganze Nacht und einen Tag lang Tausende von Erweisen der zartfühlenden Güte und Sorge Gottes nennen. … Ich könnte ein Beispiel nach dem anderen erzählen, wie Gott uns wunderbar geholfen hat. Wie gut Gott doch ist, seine schützende Hand ist über uns.“[140]

- Ich schaue auf mein Leben; vielleicht gab es auch bei mir „Erweise der zartfühlenden Güte und Sorge Gottes“.
- Wie könnte mein Glaube an Gottes Vatergüte wachsen?

Eine der ersten Schwestern antwortet auf die Frage, was sie in den Anfängen am meisten beeindruckt habe: „Am meisten beeindruckt hat mich damals … der tiefe und außerordentliche Glaube, den Mutter Teresa uns vorlebte und in dessen Atmosphäre auch wir lebten. Wir haben ganz einfach vorbehaltlos auf Gott vertraut und uns in allem auf ihn verlassen. Ein oder zwei Mal, daran kann ich mich noch erinnern, herrschte ganz akuter Mangel an lebensnotwendigen Dingen. Wir hatten nichts mehr zu essen. Mutter Teresa sagte einfach: ‚Sorgt euch nicht, es wird sich schon etwas finden.' Und in der Tat, bis zum Abend brachte irgendjemand, was uns fehlte, ganz unerwartet."[141]

Alles, worum ihr betet und bittet –
glaubt nur, dass ihr es schon erhalten habt,
dann wird es euch zuteil.
(Mk 11,24)

Gebet von Mutter Teresa
Ich liebe dich, Gott, ich vertraue auf dich,
ich glaube an dich, ich brauche dich jetzt![142]

Impuls für den Tag
Heute versuche ich aufmerksam zu sein auf Gottes Vatersorge.

Woher diese Freude?

1975 feiern die Missionarinnen der Nächstenliebe ihr 25-jähriges Bestehen. Sie haben zu dieser Zeit 61 Niederlassungen in Indien, in denen 1133 Schwestern arbeiten; auch im Ausland bestehen bereits 25 Filialen. Während andere Orden vielfach Nachwuchsmangel beklagen, nimmt die Zahl der Schwestern Mutter Teresas zu.

Obwohl sie in äußerster Armut leben und ihre Arbeit unter schwierigsten Bedingungen verrichten, strahlen sie eine ansteckende Freude aus. „Die Schwestern sind immer so fröhlich", erzählt ein Helfer. „Das ist nicht diese Fröhlichkeit mit zusammengebissenen Zähnen, das ist echte Fröhlichkeit. Ich bin überzeugt, dass sie … Ausdruck einer inneren Freude ist, die sie empfinden."[143] Woher diese Freude?

Schwester Kateri gibt folgendes Zeugnis: „Ich spürte einfach die Liebe Gottes. Ich war so glücklich und so erfüllt, weil meine Beziehung zu Gott wuchs. Das erfüllte mich mit Freude."[144] Die Freude kommt aus dem Glauben, von Gott geliebt zu sein, persönlich und zärtlich. Die Freude kommt auch aus der Antwort des Menschen auf Gottes Liebe. Wenn wir anderen etwas schenken, freuen wir uns selbst oft am meisten. „Eine frohe Schwester ist eine, die reichlicher gibt", meint Mutter Teresa. „Ein jeder liebt den, der mit Freude gibt, so auch Gott."[145] Die Freude der Schwestern zieht die Menschen an: „Weil wir voller Freude sind, wollen alle bei uns bleiben und das Licht Christi, das wir haben, von uns empfangen."[146]

Die Freude wird nicht immer gefühlsmäßig bleiben, sie kann in eine geistige, von fühlbarem Trost unabhängige Freude übergehen. So verlief auch Mutter Teresas innerer Weg. Sie kam soweit, sogar in ihrer Teilnahme an der Passion Jesu Freude zu empfinden.

• Erfüllt auch mich Gottes Liebe mit Freude?

Mutter Teresa weiß um die Hindernisse, die die Freude blockieren können, z. B. Unzufriedenheit. „Was hilft das Murren", sagt sie, „wenn man das Leiden annimmt und es Gott darbringt, bereitet das Freude."[147]

Wir verlieren leicht die Freude, wenn sich Misserfolg einstellt, wenn wir zu Unrecht angeklagt oder getadelt werden. Mutter Teresa gibt dazu einen einfachen Rat: „Gern annehmen, was Gott uns gibt, und Ihm geben, was Er uns nimmt."[148]

Wir „machen" uns oft viele Sorgen. Auch sie hindern die Freude. „Wir müssen die Gewohnheit ablegen", so Mutter Teresa, „uns … zu sorgen. Es gibt keinen Grund dazu. Der Herr ist da."[149]

Manchmal meinen wir, wir hätten erst dann Grund zur Freude, wenn wir unsere Bedürfnisse erfüllt sehen. Ganz anders Mutter Teresa: „Kommt einmal der Wunsch nach Geld auf, so kommt auch der Wunsch nach dem, was Geld bieten kann: überflüssige Dinge, schöne Stübchen, ausgesuchte Speisen, mehr Kleider …. Unsere Bedürfnisse werden sich mehren, weil eins das andere nach sich zieht, und als Folge ergibt sich eine ständige Unzufriedenheit."[150]

• Was hindert in mir die Freude?

Wie mich der Vater geliebt hat,
so habe auch ich euch geliebt.
Bleibt in meiner Liebe.
Dies habe ich euch gesagt,
damit meine Freude in euch ist
und damit eure Freude vollkommen wird.
(Joh 15,9.11)

Gebet von Mutter Teresa

Jesus, erleuchte mich und nimm von mir Besitz,
so dass jede Seele, der ich begegne,
Deine Gegenwart in meiner Seele verspüren kann.
So dass, wenn sie auf mich schauen,
sie nicht mich, sondern Dich, Jesus, in mir sehen.[151]

Impuls für den Tag von Mutter Teresa

„Behalten wir die Freude des lebendigen Jesus in unseren
Herzen und teilen wir diese Freude mit allen, denen wir
begegnen."[152]

Stille Macht

Am Herz-Jesu-Fest 1976 entstand der kontemplative Zweig der Missionarinnen der Nächstenliebe und zwei Jahre später die kontemplative Brüdergemeinschaft. Schon 1952 hatten sich die kranken und leidenden Helfer zusammengeschlossen. Für Mutter Teresa sind Gebet und Opfer die wichtigsten Kraftquellen für das Werk. „Als unsere größten Mitarbeiter betrachte ich die Kranken, die Gott ihre Schmerzen für uns anbieten, sowie die kontemplativen Ordensleute, die für unser Werk beten."[153]

Der Nobelpreisträger Alexis Carrel schreibt, er habe als Arzt erlebt, wie Kranke „durch die stille Macht des Gebets aus Krankheit und Trübsinn emporgehoben" wurden, und er fährt fort: „Es ist die einzige Macht der Welt, die anscheinend die sogenannten ‚Naturgesetze' überwinden kann."[154] Im Gebet verlassen wir uns selbst – auf Gott. Unser Geist geht aus uns selbst hinaus und berührt das Du Gottes. Von daher erklärt sich, dass wir im Gebet Anteil gewinnen an einem Kraftstrom, den wir vor dem Gebet nicht verspürt haben.

Für Mutter Teresa ist Beten kein Verhandeln auf gleicher Augenhöhe: „Du solltest dich an Gott wenden wie ein Kind. Das kleine Kind hat keine Schwierigkeit, in einfachen, aber so vielsagenden Worten auszudrücken, was es denkt."[155] Sie bittet auch nicht, um selbstbezogene Wünsche erfüllt zu bekommen. Weil sie und ihre Schwestern in allem Gottes Wünsche zu erfüllen suchen, erfüllt Gott auch ihre Wünsche und Bitten – oft auf erstaunliche Weise.

Beim Beten entsteht eine Beziehung, die getragen ist von gegenseitiger Ehrfurcht im Reden und Hören, im Geben und Empfangen. Wer der Güte und Weisheit Gottes vertraut, kann ihm die Freiheit einräumen zu handeln, wie *er* will. Langsam und mühsam lernen wir, nicht nur Gottes Gaben zu ersehnen, sondern Gott selbst. „Das Gebet macht das Herz so weit, bis es fähig wird, das Geschenk aufzunehmen, das Gott uns mit sich selbst macht."[156]
Immer geht es Mutter Teresa um Jesus, um die Liebe zu ihm, um ihn in den Armen: „Durch mein Gebet werde ich eins mit der Liebe Christi ... Beten heißt für mich, 24 Stunden lang eins mit dem Willen Jesu zu sein, für ihn, durch ihn und mit ihm zu leben."[157]

• Ich denke über mein Beten nach.

Mutter Teresas Gebet blieb lange Zeit ohne gefühlsmäßigen Trost. Ihre Erfahrungen können uns ermutigen durchzuhalten, wenn uns das Beten schwerfällt: „Früher konnte ich Stunden vor Unserem Herrn zubringen – Ihn lieben – mit Ihm sprechen – und jetzt – ... nichts anderes (kommt aus mir heraus) als nur ‚Mein Gott' – ... Trotzdem bricht irgendwo tief in meinem Herzen diese Sehnsucht nach Gott durch die Dunkelheit hindurch."[158] Franz von Sales gibt einen wichtigen Hinweis, wenn unsere Gefühle im Gebet nicht mitschwingen: „Wenn wir sagen, dass wir Gott nicht finden können und dass es uns vorkommt, als sei er weit von uns entfernt, so wollen wir damit richtiger sagen, dass wir das Gefühl seiner Nähe nicht haben. Es ist mir aufgefallen, dass viele keinen Unterschied machen zwischen Gott und dem Gefühl von Gott, zwischen dem Glauben und dem Gefühl des Glaubens, und das ist ein großer Fehler."

Betet ohne Unterlass.
Dankt für alles.
(1 Thess 5,17f)

Gebet nach Mutter Teresa

Jesus, Du selbst willst in uns sein
als ein lebendiger Gesang der Liebe,
des Lobes, der Anbetung, der Danksagung,
der Fürbitte und der Sühne an den Vater,
im Namen der gesamten Schöpfung,
besonders der Ärmsten der Armen.
Bete in uns im Namen derer,
die nicht beten,
die es nicht können,
die den Mut dazu nicht aufbringen
oder die nicht beten wollen.[159]

Impuls für den Tag von Mutter Teresa

„Wache und bete. … Und du wirst seine Liebe sehen und
erkennen, wie gut der Gott ist, den du liebst."[160]

Eine Heilige der Dunkelheit

Lange Zeit ahnte niemand, dass die tatkräftige, frohe Mutter Teresa innerlich von einer quälenden Dunkelheit heimgesucht wurde. Obwohl sie sehr litt, blieb sie ihrer Lebensweise treu, sie betete und schenkte ihre Liebe allen, denen sie begegnete. Während ihrer Exerzitien im April 1961 vertraute sie sich Pater Neuner SJ an. Auf seinen Vorschlag hin äußerte sie sich schriftlich: „In Loreto, Pater, war ich sehr glücklich. Ich glaube, die glücklichste Schwester – Dann kam der Ruf. – Unser Herr fragte ganz direkt – die Stimme war klar & voller Überzeugungskraft."[161] Sie „sprach zu ihr zärtliche Worte der Liebe, durchflutete ihre Seele mit Tröstungen."[162] Damals fühlte sich „Mutter Teresa mit Licht übergossen."[163]

Schon bald jedoch wurde ihr der spürbare geistliche Trost entzogen. Weil sie die Nähe des Herrn so beglückend erfahren hatte, erlebte sie diesen Zustand umso mehr als eine einzige Qual: „Doch jetzt, Pater – seit den Jahren 1949 oder 50 – dieses furchtbare Gefühl der Verlorenheit … diese Einsamkeit – diese beständige Sehnsucht nach Gott – die in meinem Herzen tiefen Schmerz verursacht."[164] Mutter Teresa versteht nicht, was mit ihr ist, sie weiß nicht, „warum das alles".

Immer mehr gerät sie in eine undurchdringliche Finsternis hinein. „Es herrscht eine solche Dunkelheit, dass ich wirklich nicht sehen kann – weder mit meinem Geist noch mit meinem Verstand. – Der Platz Gottes in meiner Seele ist leer – … Der Schmerz des Verlangens so groß – Ich sehne und sehne mich nur nach Gott."[165] Das Leiden ist für sie so unerträglich, weil ihre ganze Liebe Jesus gehört; er aber scheint sie nicht zu erwidern: „Und dann fühle ich noch dies – Er will mich nicht – Er ist nicht da. … Manchmal höre ich geradezu den Schrei meines eigenen Herzens – ‚Mein Gott‘, und nichts weiter kommt. Die Tortur und den Schmerz kann ich nicht erklären.“[166] Erst nach langen Jahren ging ihr die Tiefe ihrer Berufung auf, und sie verstand, was ihr widerfuhr. Pater Neuner erläutert: „Es war die erlösende Erfahrung ihres Lebens, als sie erkannte, dass die Nacht ihres Herzens der besondere Anteil war, den sie an Jesu Passion hatte.“[167] „Zum ersten Mal in diesen elf Jahren“, schreibt sie, „fing ich an, die Dunkelheit zu lieben. – Denn ich glaube, dass dies ein Teil ist, ein sehr, sehr kleiner Teil der Dunkelheit & des Schmerzes Jesu auf Erden.“[168] Deshalb kann sie nun zu Jesus sagen: „Wenn mein Leiden deinen Durst stillt, dann nehme ich mit Freude all das an bis zum Ende meines Lebens.“[169] Mutter Teresas Ja vermindert nicht ihr Leiden, aber sie kann es nun anders – sogar mit Freude – tragen.

• Vielleicht kann dieses kleine Wörtchen „Ja“ – aus Liebe gesprochen – auch mich mit dem Dunkel in mir versöhnen.

Nicht ihr Leiden, sondern ihre Liebe, mit der sie auch ihre Dunkelheit bejaht, macht sie zu einer Heiligen. Sie ahnt, dass Gott ihr eine Sendung über den Tod hinaus zugedacht hat: Licht in die Finsternis äußerster Armut und Gottferne vieler Menschen zu bringen. „Wenn ich jemals eine Heilige werde – dann ganz gewiss eine ‚Heilige der Dunkelheit‘. Ich werde fortwährend im Himmel fehlen – um für jene ein Licht zu entzünden, die auf Erden in Dunkelheit leben.“[170]

- Ich überlege, wie ich Licht in das Dunkel der Menschen bringen kann, z. B. durch Gebet, Telefonate, Besuche.

Ich bin überzeugt,
dass die Leiden der gegenwärtigen Zeit
nichts bedeuten im Vergleich
zu der Herrlichkeit,
die an uns offenbar werden soll.
(Röm 8,18)

Gebet von Mutter Teresa
Lass mich Deine Einsamkeit mit Dir teilen,
lass mich teilhaben an Deiner Angst,
als Du Dich verworfen fühltest.[171]

Impuls für den Tag von Mutter Teresa
„Leiden ist ein großes Geschenk Gottes; die es bereitwillig annehmen, … wissen um seinen Wert."[172]

Kleine Dinge

Am 5. September 1997 starb Mutter Teresa in Kalkutta. Es ist wie ein Vermächtnis, wenn sie an ihrem Sterbetag in einem letzten Brief ihre Schwestern auf ihre Namenpatronin Therese von Lisieux hinweist: „In diesem Jahr, hundert Jahre nachdem sie (Therese) zu Jesus nach Hause gegangen ist, hat der Heilige Vater die Kleine Blume zur Kirchenlehrerin erklärt. Stellt euch das vor: die Kirche erklärt sie zur Kirchenlehrerin wie den heiligen Augustinus oder die große Teresa, weil sie kleine Dinge mit außerordentlicher Liebe getan hat."[173]

Wer in den Aufzeichnungen[174] der französischen Karmelitin liest, erkennt sogleich, wie sehr Mutter Teresa von ihr inspiriert wurde. Therese fand in ihrem kurzen Leben – sie wurde nur 24 Jahre alt – einen originellen „kleinen Weg" für „schwache und unvollkommene" Menschen. Die junge Ordensschwester fühlt in sich die Sehnsucht, Gott zu lieben wie die großen Heiligen. Sie sieht ganz realistisch: „Ich bin aber zu klein, um große Dinge zu vollbringen." Deshalb sucht sie in der hl. Schrift nach einem Weg für sich und findet die Worte: „Ist jemand ganz klein, dann komme er zu Mir" (Spr 9,4). Sie entdeckt, dass „den Kleinen Barmherzigkeit gewährt wird" (Weish 6,7), dass Gott gerade sie liebt, sich um sie kümmert und sie mit seinen eigenen Armen emporhebt. Therese wagt es, vor Gott Kind zu sein und alles von ihm zu erhoffen. Daher ist ihr Weg ganz einfach; er besteht in der „Hingabe des kleinen Kindes, das furchtlos auf den Armen seines Vaters einschläft". Sie ist sicher, „so den Gipfel der Liebe zu erreichen, da Jesus keine großen Handlungen, sondern nur Hingabe und Dankbarkeit verlangt". Wie ein Kind sucht sie Gott zu erfreuen, indem sie die kleinen, alltäglichen Dinge mit großer Liebe tut. „Er hat unsere Werke nicht nötig, sondern einzig unsere Liebe. ... Er hat sich nicht gescheut, etwas Wasser von der Samariterin zu erbetteln: ‚Gib mir zu trinken' (Joh 4,7). ... Ihn dürstet nach Liebe."

- Ich könnte mir Zeit lassen, um die Kühnheit des „kleinen Weges" zu verstehen.

Auf diesem „kleinen Weg" ging auch Mutter Teresa. „Lasst uns also ganz klein bleiben", bittet sie ihre Schwestern am Ende ihres Lebens, „und folgen wir dem Weg der Kleinen Blume, ihrem Weg des Vertrauens und der Liebe. Dann werden wir ... der Kirche, unserer Mutter, Heilige schenken."[175]
Mutter Teresa ist überzeugt, dass Gott, ohne den kein Spatz vom Dach fällt, unser Leben bis in die kleinsten Dinge ordnet. „Für den lieben Gott ist nichts gering, weil Er so groß ist und wir so klein sind – deshalb beugt Er sich herab und macht sich die Mühe, diese kleinen Dinge für uns zu bereiten – um uns damit eine Chance zu geben, unsere Liebe zu Ihm zu beweisen. Weil Er sie gemacht hat, sind sie sehr groß. Er kann nichts Kleines machen; es ist alles unendlich."[176] Aus dieser Erkenntnis folgt, dass wir alles in Liebe verwandeln können – mag es uns klein erscheinen oder groß.

- Ich überlege, in welchem Geist ich die kleinen alltäglichen Dinge verrichte.

Die Jünger kamen zu Jesus und fragten:
Wer ist im Himmelreich der Größte?
Da rief er ein Kind herbei,
stellte es in ihre Mitte und sagte: …
Wer so klein sein kann wie dieses Kind,
der ist im Himmelreich der Größte.
(Mt 18,1f. 4)

Gebet nach einem Text von Mutter Teresa

Erfülle uns mit deiner Liebe, Herr,
damit wir alles mit deiner Liebe erfüllen.
Denn es kommt nicht darauf an,
wie viel wir tun,
sondern dass wir es
mit viel Liebe tun.[177]

Impuls für den Tag von Mutter Teresa

„Haltet nicht nach großen Dingen Ausschau, tut einfach
die kleinen Dinge mit großer Liebe."[178]

Rückblick

Mutter Teresa: „Heute liebt Gott die Welt noch immer. Er sendet Dich und mich noch immer aus, um zu beweisen, dass Er die Welt liebt, dass Er noch immer dieses Erbarmen für die Welt hat."[179]

Ich schaue zurück auf die vierte Woche

* Welche Einsichten und Erfahrungen sind mir wichtig?
* Wo hat mich Mutter Teresa besonders angesprochen?
* Welche Konsequenzen ergeben sich aus den Erfahrungen dieser Tage? Wozu fühle ich mich gerufen?
* Was kann mir helfen, meine Vorsätze durchzuhalten?

Ich schreibe mir das Wichtigste auf

Psalm 116,1–7
Ich liebe den Herrn;
denn er hat mein lautes Flehen gehört
und sein Ohr mir zugeneigt
an dem Tag, als ich zu ihm rief.
Mich umfingen die Fesseln des Todes,
mich befielen die Ängste der Unterwelt,
mich trafen Bedrängnis und Kummer.
Da rief ich den Namen des Herrn an:
„Ach, Herr, rette mein Leben!"
Der Herr ist gnädig und gerecht,
unser Gott ist barmherzig.

Der Herr behütet die schlichten Herzen;
ich war in Not, und er brachte mir Hilfe.
Komm wieder zur Ruhe, mein Herz!
Denn der Herr hat dir Gutes getan.

Übung zum Ankommen

Sie können sich diese Übung langsam und ruhig auf Kassette sprechen und täglich zu Beginn der Meditation nachvollziehen.

Ankommen
Ich habe jetzt Zeit, Zeit zum Ankommen. Ich habe Platz genommen und komme zur Ruhe.

Leibfühlung
Zunächst spüre ich, wie ich sitze. Meine Füße stehen auf dem Boden. Ich spüre die Sitzfläche des Stuhles, ich spüre in meine Leibmitte, pendle mich ein, bis ich im inneren Gleichgewicht bin, und richte mich von innen her auf. Aufrecht sitze ich, ein aufrechter Mensch. Meine Hände ruhen schalenförmig im Schoß.

Entspannung des Leibes
Ich entspanne meine Stirn, Augen, Wangen, meinen Mund und spüre, wie mein Gesicht gelöst wird. Ich entspanne meinen Nacken, die Schultern, den Rumpf, den rechten Arm, die rechte Hand, den linken Arm, die linke Hand, die Beine und Füße.

Atmung
Ich nehme meine Atmung wahr, lasse sie sein, wie sie ist, und atme alles Belastende aus.

Entspannung des Willens
Alle Anspannung lasse ich gleichsam abfließen. Auch allen Druck und allen Eigenwillen lasse ich los. Ich

brauche nichts darzustellen, nichts zu erreichen, nichts zu leisten.

Entspannung des Geistes

Nun entspanne ich meinen Geist. Was heute war, lasse ich los. Es ist vergangen. Was kommen wird, ist noch nicht. Alles darf jetzt sein, wie es ist: meine Verfassung, meine Gedanken und Gefühle, Menschen, Geräusche … Die Gedanken, die mir kommen, halte ich nicht fest, ich lasse sie ziehen. Es genügt, einfach da zu sein.

Wach und offen sein

Ich bin ganz gegenwärtig und wach. So öffne ich mich für das Geheimnis des Lebens, das in meiner Tiefe anwesend ist.

In Gottes Gegenwart

Nichts sonst, nur da sein im Jetzt, da sein in der Gegenwart – entgegenwarten dem, der schon auf mich wartet. Da sein in Gottes Gegenwart. Ich halte ihm mein Leben hin, wie es ist, und verweile vor ihm vertrauend, liebend, anbetend.

Reflexion nach der Meditation

In der Meditation spricht Gott mich in besonderer Weise an und gibt mir Weisungen, die mir auf meinem Weg zu ihm helfen. Deshalb ist es nicht nur wichtig, auf Gott zu hören und ihm zu antworten, sondern das Erkannte auch festzuhalten und umzusetzen. Da Gott mich stetig führt, werde ich, wenn ich seine Anregungen sorgsam beachte und festhalte, eine Linie, einen roten Faden entdecken; er führt Schritt für Schritt weiter in seinen Geist der Freiheit, der Liebe, des Vertrauens, des Friedens, der Wahrheit und Gerechtigkeit.

Wo aber Gott am Werk ist, da taucht auch der Widersacher auf, der irreführen und Gottes Wege und Werke behindern, verdunkeln und schließlich vernichten will. Auch auf diesen Geist muss ich achten.

In der Reflexion nach der Meditation geht es darum, meine Erfahrungen ernst zu nehmen und aus ihnen zu lernen. Die Ergebnisse dieser Reflexion zeigen oft wie unter einem Vergrößerungsglas, was auch sonst mein Leben bestimmt. Ich frage mich:

* *Wo war ich, wenn ich nicht „bei der Sache" war, wenn ich nicht bei Gott oder seinem Wort war?*

Die Zerstreuungen geben oft Hinweise darauf, was mir wichtiger ist, was mich fesselt und entfremdet.

* *Wo spürte ich Einklang mit Gott?*

Da bin ich in seinem Willen, auf seiner Spur.

- *Was empfinde ich jetzt, nach dem Gebet, für ihn?*

Gottes Handeln an mir hinterlässt einen positiven „Nachgeschmack", der nach der Meditation anhält und sich auswirkt in vermehrter Kraft, Gelassenheit, Güte, Nächstenliebe …

Schließlich schaue ich, ob ich die Zeit einhalten konnte und ob es mir gelang, äußerlich und innerlich still zu werden. Konnte ich achtsam werden auf Gottes Leben und Bewegen in mir? Um seiner stetigen Führung mehr und mehr auf die Spur zu kommen, notiere ich jeweils die Eindrücke, die mir wichtig sind.

Tagesrückblick und Auswertung

Der Tagesrückblick bietet eine besondere Chance, um aus den Erfahrungen des Tages zu lernen, um Negativerlebnisse in positive Lebensmöglichkeiten verwandeln zu lassen. Gleich einer „persönlichen Tagesschau" gehe ich den Tag durch und notiere, was mir wichtig ist. Indem ich all dies Gott übergebe, kann ich, frei von Schuld, Sorge und Angst, einschlafen. Den kommenden Tag kann ich dann wie ein neues Leben aus Gottes Hand entgegennehmen.

Ich mache mir bewusst, dass Gott da ist

- Ich lasse mir Zeit anzukommen, bei mir, bei Gott.
- Ich bitte ihn, in seinem Geist den Tag anschauen zu können, vorurteilsfrei, gelassen, liebend.

Ich schaue mir den Tag an

- Stunde um Stunde lasse ich vor meinem inneren Auge vorüberziehen und nehme mir Zeit, einzelnes, was mir wichtig war, genauer anzuschauen oder aber bei einer „Kleinigkeit" zu bleiben, die mir etwas sagt.
- Dabei dürfen Gedanken, Empfindungen, Widerstände, Gefühle, auch körperliche Reaktionen (wieder) aufsteigen, z.B. Dankbarkeit, Freude, Ärger, Unsicherheit, Angst ... All dies einfach wahrnehmen, ohne sofort zu werten.

Ich lasse mich durch die Wirklichkeit von Gott formen

- In dem, was geschieht und was ich erlebe, möchte Gott an mir wirken. Deshalb spüre ich den inneren Bewegungen und Empfindungen in mir nach und versuche herauszufinden, ob sie auf lange Sicht zu mehr Glauben, Hoffnung und Liebe, zu mehr Einklang mit mir selbst und meinen Mitmenschen, zu mehr Frieden in Gott führen.

- Alles, was langfristig in die Richtung von Unfrieden, Verwirrung, Hoffnungslosigkeit, Egoismus führt, versuche ich zu meiden bzw. zu überwinden, um wacher dem Raum zu geben, was Gott in mir wachsen lassen möchte.

Im Gebet wende ich mich an Gott

Ich kann mit ihm den Tag besprechen, ihn auch fragen, ob er mir etwas dazu „sagen" möchte. Dann bitte ich um die Kraft, mich für das zu entscheiden, was zu ihm hinführt.

Anmerkungen

1 Mutter Teresa. Komm, sei mein Licht, herausgegeben und kommentiert von Brian Kolodiejchuck MC, © 2007 Pattloch Verlag GmbH & Co. KG, München 2007, S. 206 (weiter zitiert: Komm).

2 Komm, S. 246.

3 Komm, S. 306.

4 Vgl. Jesus ist mein Alles in Allem. Eine Novene zur seligen Teresa von Kalkutta, Tijuana 2004, S. 11 (weiter zitiert: Novene).

5 Novene, S. 11.

6 Der letzte Gottesbeweis, Pattloch Verlag, München 2007, S. 20.

7 Komm, S. 27.

8 Malcolm Muggeridge, Something Beautiful for God, Harper & Row Publishers, London 1971, S. 18.

9 Komm, S. 25.

10 Komm, S. 28.

11 Komm, S. 30.

12 Beten mit Mutter Teresa, hg. von Roswitha Kornprobst, © 2005 Butzon & Bercker GmbH, Kevelaer, www.bube.de und missio, Aachen (S. 59; weiter zitiert: Beten).

13 Ignatius von Loyola, Die Exerzitien, übertragen von Hans Urs von Balthasar, Johannes Verlag, Einsiedeln 1946, Nr. 23 (weiter zitiert: EB).

14 Marianne Sammer, Mutter Teresa begegnen, St. Ulrich Verlag, Augsburg 2003, S. 17 (weiter zitiert: Sammer).

15 Edward Le Joly, Wir leben für Jesus. Mutter Teresas geistlicher Weg, Herder Verlag, Freiburg 1978, S. 133f (weiter zitiert: GW).

16 Renzo Allegri, Mutter Teresa. Ein Leben für die Ärmsten der Armen, Verlag Neue Stadt, München 1993, S. 78 (weiter zitiert: Allegri).

17 Komm, S. 40.

18 Komm, S. 119f.

19 Komm, S. 119f.

20 Komm, S. 53.

21 Komm, S. 53.

22 Beten, S. 49f.

23 Mutter Teresa. Zeiten der Barmherzigkeit, hg. von Leonie Höhren, Herder Verlag, Freiburg ⁴1995, S. 26 (weiter zitiert: Zeiten).

24 Zeiten, S. 30.

25 Komm, S. 245.

26 Komm, S. 81. 83.

27 Komm, S. 144.

28 Beten, S. 26.

29 Allegri, S. 63.

30 Komm, S. 147f.

31 Allegri, S. 68.

32 Komm, S. 159.

33 Komm, S. 159.

34 Komm, S. 159.

35 Mit Gott ins Heute, Herder Verlag, Freiburg, S. 140.

36 Mutter Teresa schrieb dieses Gebet in Patna auf die erste Seite ihres Heftes für die Krankenpflegeausbildung, Komm, S. 148.

37 Komm, S. 157 f.

38 Komm, S. 157 f.

39 Komm, S. 69.

40 Zeiten, S. 23.

41 GW, S. 52.

42 GW, S. 52.

43 Mutter Teresa. Der einfache Weg, zusammengestellt von Lucinda Vardey, Verlag Hoffmann und Campe, Hamburg, 1995, S. 28 f (weiter zitiert: Vardey).

44 Beten, S. 24 f.

45 Mutter Teresa, Beschaulich inmitten der Welt. Geistliche Weisungen, Johannes Verlag Einsiedeln, Freiburg 1990, (= Der Neue Weg, Bd. 10), S. 35 (weiter zitiert: BiW).

46 Zeiten, S. 17 f.

47 GW, S. 37.

48 Zeiten, S. 17 f.

49 Allegri, S 73 f.

50 Vgl. Christian Feldmann, Mutter Teresa. Die Heilige von Kalkutta, Herder Verlag, Freiburg [3]1997, S. 78 (weiter zitiert: Feldmann).

51 Komm, S. 157 f.

52 In: GW, S. 80.

53 Beten, S. 27 f.

54 Charlotte Gray, Mutter Teresa. Die Helferin der Ärmsten der Armen, Arena Verlag, Würzburg [2]1990, S. 53.

55 GW, S. 41.

56 GW, S. 41.

57 GW, S. 41.

58 Komm, S. 160.

59 GW, S. 20 f.

60 Komm, S. 165.

61 Beten, S. 34 f.

62 Komm, S. 161.

63 GW, S. 43 f.

64 GW, S. 44.

65 Mutter Teresa, Geistliche Texte, Verlag, Ort und Jahr unbekannt, S. 95.

66 Vgl. GW, S. 42. Von dieser Szene wie auch von anderen Ereignissen, Daten und Fakten im Leben Mutter Teresas gibt es in den zahlreichen Publikationen unterschiedliche Versionen. Vgl. Sammer, S. 60 ff.

67 Beten, S. 26.

68 BiW, S. 34.

69 BiW, S. 33.

70 Ignatius von Loyola, Die Exerzitien. Aus dem Spanischen übertragen von Hans Urs von Balthasar, Johannes Verlag Einsiedeln, Freiburg [13]2005, 72 (Nr. 234)

71 Allegri, S. 85.

72 BiW, S. 90.

73 Komm, S. 120.

74 Übersetzt aus dem Französischen: Francesco Follo, Prier 15 jours avec Mère Teresa, Verlag Nouvelle Cité, Montrouge 2003, S. 54 ff (weiter zitiert: Follo).

75 Komm, S. 167 f.

76 Aus dem Französischen: Follo, S. 54.

77 Aus dem Französischen: Follo, S. 54 ff.

78 Aus dem Französischen: Follo, S. 54 ff.

79 Beten, S. 52 f.

80 Komm, S. 165.

81 GW, S. 176 f.

82 Desmond Doig, Mutter Teresa. Ihr Leben und Werk in Bildern, Herder Verlag, Freiburg 1976, S. 139 (weiter zitiert: Doig).

83 Doig, S. 139.

84 GW, S. 44 f.

85 BiW, S. 131.

86 Nach: Beten, S. 51.

87 Zeiten, S. 37.

88 GW, S. 59.

89 GW, S. 59.

90 Komm, S. 120.

91 BiW, S. 105.

92 Quelle unbekannt.

93 Komm, S. 118.

94 BiW, S. 135.

95 Komm, S. 28.

96 Komm, S. 82 f.

97 BiW, S. 135 f.

98 Wolfgang Bader, Durchgang. Mutter Teresas Umgang mit Sterbenden, Verlag Neue Stadt, München 2003, S. 33 (weiter zitiert: Bader).

99 Komm, S. 340.

100 Feldmann, S. 90.

101 Komm, S. 81 f.

102 BiW, S. 133.

103 BiW, S. 34.

104 Vgl. Beten, S. 72.

105 Aus dem Französischen, Follo, S. 114.

106 BiW, S. 17 ff.

107 Vgl. Bader, S. 35.

108 Novene, S. 20.

109 Bader, S. 37.
110 Feldmann, S. 158.
111 Aus dem Französischen, Follo, S. 55f.
112 Zeiten, S. 22.
113 Zeiten, S. 23.
114 Zeiten, S. 55f.
115 Vardey, S. 31.
116 Zeiten, S. 82f.
117 Zeiten, S. 30.
118 Allegri, S. 94f.
119 Doig, S. 167.
120 Zeiten, S. 84.
121 Zeiten, S. 97.
122 Quelle unbekannt.
123 Vgl. Beten, S. 33.
124 Zeiten, S. 43.
125 Zeiten, S. 25.
126 Beten, S. 77.
127 Zeiten, S. 154.
128 BiW, S. 96.
129 BiW, S. 93.
130 Zeiten, S. 154.
131 Feldmann, S. 129.
132 BiW, S. 91.
133 Vgl. BiW, S. 92f.
134 Beten, S. 40.
135 Allegri, S. 21.
136 Allegri, S. 151.
137 Allegri, S. 151.
138 Vgl. Josepha Gosselke, Mit Mutter Teresa unterwegs, Herder Verlag,
     Freiburg 1983, S. 44f.
139 Zeiten, S. 12.
140 Beten, S. 76.
141 GW, S. 58f.
142 Beten, S. 56.
143 Vardey, S. 119.
144 Vardey, S. 121.
145 BiW, S. 41.
146 BiW, S. 41.
147 Vardey, S. 40f.
148 Vgl. Komm, S. 262.
149 BiW, S. 50.
150 BiW, S. 50.
151 BiW, S. 129.
152 Komm, S. 340.
153 Allegri, S. 152f.

154 In: Alfonso Pereira, Jugend mit Gott, Verlag Butzon & Bercker, Keve-
     laer 1971, S. 364.
155 BiW, S. 88f.
156 BiW, S. 90.
157 Zeiten, S. 126f.
158 Komm, S. 246.
159 Nach: BiW, S. 84.
160 Feldmann, S. 131.
161 Komm, S. 245.
162 Komm, S. 382f.
163 Komm, S. 382f.
164 Komm, S. 245.
165 Komm, S. 245.
166 Komm, S. 245.
167 Komm, S. 252.
168 Komm, S. 250.
169 Bader, S. 47.
170 Komm, S. 386.
171 BiW, S. 136.
172 Vardey, S. 40f.
173 Aus dem Französischen: Follo, S. 74.
174 Vgl. Geschichte einer Seele, Theresia Martin erzählt ihr Leben, Verlag
     Johann Josef Zimmer, Trier o.J., besonders S. 82ff.
175 Aus dem Französischen: Follo, S. 74.
176 Komm, S. 47.
177 Nach: Beten, S. 74.
178 Komm, S. 47.
179 Komm, S. 387.

Bildnachweise